中國人的家庭智慧

洪子雲——著

匯智出版

責任編輯：羅國洪

封面設計：洪清淇

中國人的家庭智慧

洪子雲　著

出　　版：匯智出版有限公司

　　　　　香港九龍尖沙咀赫德道2A首邦行8樓803室

　　　　　電話：2390 0605　　傳真：2142 3161

　　　　　網址：http://www.ip.com.hk

發　　行：聯合新零售 (香港) 有限公司

　　　　　香港新界荃灣德士古道220-248號荃灣工業中心16樓

　　　　　電話：2150 2100　　傳真：2407 3062

印　　刷：陽光 (彩美) 印刷有限公司

版　　次：2021年10月初版

國際書號：978-988-75442-6-5

謹以此書獻給我的父親和母親

序

　　筆者原先是讀電腦工程的,其後研讀神學、宗教和哲學時
有機會接觸中國文化科目,內容都是講中國儒、釋、道思想,
以及中國的文學、藝術、心理等,上課時除了討論家庭和心理
外,其他內容都有一份莫名的陌生感。自小長輩常告訴我:
「我們中國人深受儒家思想影響」,但我自小並沒有讀儒家經
典,當我成年後研讀時便出現莫名的陌生感,為甚麼我對這
些內容如此陌生?難道我身處的文化並非中國文化?直至過
去幾年在香港理工大學專業及持續教育學院教授通識科目「中
國家庭與文化」,才突然有一種強烈的親切感:「這就是自小到
大影響着我的中國文化!」很多關於中國文化或中西文化比較
的書籍都會討論哲學宗教、文學藝術、政治經濟等,但事實上
一般人對儒家典籍、詩詞歌賦都認識不多,所以如果從哲學文
學去討論中國文化,讀者會感到很陌生,甚至懷疑自己是否真
的受中國文化影響,又或中國文化是否依然有價值。筆者在教
授「中國家庭與文化」的過程中深深體會到:我們不一定熟悉
中國歷史和傳統典籍,但中國文化就在我們的家庭中,一代一
代潛移默化地傳承下來,深深影響着我們的處事態度、思想和
價值觀;另外有部分中國文化亦因近年西方現代文化和工商業
化影響而作出了調適和轉變。這些教學經驗亦令筆者重新認識
和反思自我和所處的文化。

筆者在備課時發覺要找有關中國家庭文化的參考書籍並不
容易，大多都只是歷史進路，如家庭史或婚姻史，主要是資料
陳述，較少對傳統價值進行反思；又或只是社會學進路，多討
論中國家庭現代化的轉變和適應，對傳統家庭觀念只簡單概括
及批評，缺乏對傳統的歷史視野和欣賞；至於中國家庭對於個
人價值觀、社會文化、甚至政治經濟文化影響的探討就更少。
筆者原本只是想出版一本資料性書籍，但因筆者的哲學訓練和
教學背景的影響，在教授這一科目時總喜歡進一步發問、思考
傳統價值和現代社會文化的優點和不足，以獨立批判角度思考
傳統和現代化問題，故一邊教學一邊進一步研究中國家庭文
化。由於課堂需要，每位同學都要交一份「家庭個案分析」，透
過閱讀超過一千位同學的功課和課堂上的討論，再加上筆者過
去在教會和一些非牟利團體結識的朋友，以及與中外學者的交
流等等，讓筆者有機會認識到很多真實家庭故事和文化，有助
筆者對中國家庭文化進一步反思和產生一些看法。本書不單從
歷史和社會學角度分析，同時亦涉及人類學、心理輔導、宗教
和哲學，偶然亦會與西方文化作比較，並討論包含中國大陸、
香港、台灣家庭在現代化方面的發展分別，可謂一跨科際的進
路。此外，書中也有筆者不少獨特的研究心得，希望本書對有
關議題能有所貢獻。筆者很感激蔣瑋茵女士對本書提出很多寶
貴意見，但若本書有甚麼錯漏，責任仍在筆者。

　　一般寫傳統中國家庭的書籍亦會討論到古代婚姻家庭的
起源、煩瑣的婚禮、父母之命、媒妁之言、三妻四妾、三從四
德、貞烈觀等，這些都備受現代人批評，但筆者發覺很多有關

批評都太片面，並非不對，只是未能多角度去思考；但由於篇幅所限，未能在此討論。

筆者不敢自誇書中內容有甚麼過人之處，只期望透過本書可與不同學人對中國家庭文化一起進行反思和交流。

目錄

女人結婚只是為了得到長期飯票？
——談傳統社會不同的婚姻形式

　　偶然會聽到有人說：「女人結婚只是為了得到長期飯票？」甚至曾有支持娼妓（或稱「性工作者」）權益人士說：「女性嫁人其實只是性交易，分別只在於這是終身飯碗。」這疑問我們可以從婚姻演進的角度去思考。傳統中國婚姻一般都是指經完成六禮的聘娶婚，但近年很多學者認為聘娶婚是由掠奪婚逐漸演變為買賣婚，之後才成為聘娶婚。

掠奪婚

　　有說中國最初的婚姻是搶回來的，即用武力搶奪女子為妻，所以稱為掠奪婚。因為在古代社會，很多制度未定，在部落氏族裏為避免近親繁殖，同姓不可結婚，加上從前社會不文明，氏族之間很多時是爭戰與掠奪，於是在打仗時便會把其他女子搶到自己的部落然後結婚。其中一個證據就是以前「婚」字其實是「昏」，從前都是在黃昏結婚，一說因古人認為黃昏是吉時，故以昏時行娶妻之禮並以之得名。另一說法是因為最早時期掠奪婚是在黃昏時候搶奪別部落女子，回去時入黑了，被

搶掠的族人較難追回。而事實上「娶」這個字，現代中文字是「取」、「女」合成，但甲骨文（𫝀）其實是一把斧頭和一個女子跪着，據學者解釋，這表明從前娶妻其實是用斧頭搶回來的，以武力相逼。另有一說，見《周易·屯》爻辭：「屯如邅如，乘馬班如，匪寇婚媾」，也是講述搶婚。就算今天，中國雲南及藏族仍有些少數民族的婚禮是用掠奪婚的形式進行，當然不是真掠奪，只是婚禮儀式不是抬花轎，而是騎馬扮搶女。尼日利亞在2014和2018年都分別有極端主義組織博科聖地將共數百名十多歲的女孩搶走，並被迫嫁給博科聖戰分子，今天文明社會中某些地方仍有戰亂和搶女子等不文明表現，更何況從前不文明的社會。

買賣婚

　　根據馬克思主義，隨着私有制確立，買賣婚漸取代掠奪婚。今天的人認為買賣婚很不文明，但相比掠奪婚，買賣婚已是比較文明。再者，掠奪亦有壞處，風險極高，搶掠會遇到反抗，搶掠後的女子可能不忿而向男子下毒手，甚至惹來被搶掠部落的報復，兩個民族亦難以相處。在唐律中：「略賣人……為妻妾子孫者，徒三年。」（《唐律疏議》）將人賣為妻妾或子孫者將受三年勞役。之後的宋元明清都一律禁止買賣婚，其實這法例亦反映當時的確存在着買賣婚。買賣婚另一方面亦反映父權制確立，女性變成貨物，被人買賣。古人男子的配偶稱妃，「妃」本字取義於帛匹，即布，從前的妃是否如貨物買賣

呢？古文中的「帑」字是指妻子（杜預：《春秋左傳正義・文公六年》），「帑」亦是收藏金幣的地方，這些字都反映買賣婚曾經出現，直至周代才變成聘娶婚（顧鑒塘、顧鳴塘，1996：29-35）。

在今天的保加利亞和羅馬亦有婚姻市場將長大成人的女兒賣給人家，不過已不像以前，到市集的年輕男女跳舞、談天，如有合適便會問女兒是否願意嫁，女性有一定的自主權，雖說是買賣婚，但實際有如今天在極速約會（speed dating）的環境下讓已達適婚年齡的人相識（DW Documentary, 2018）。近年中國內地因男女比例失衡，多了「光棍」去越南買新娘，因而引申人口販賣問題，雖然越南政府已有法例禁止買賣越南新娘，但地下活動仍難以杜絕。

聘娶婚

周公制禮後要求婚姻要合乎禮法，即要進行六禮，並有父母之命，媒妁之言。有些學者認為聘娶婚的確立是由掠奪婚演變至買賣婚，因着父權制、私有財產制度逐漸確立，才變成買賣婚；再因着周公制禮才變成聘娶婚。但筆者對這種解釋是有質疑的，筆者並非否認掠奪婚及買賣婚的存在，但很難確定是否古時普遍存在，並且是否都因着財產私有制而演變成聘娶婚？按傳統說法，中國婚禮最早是伏羲氏制定，在周朝完善。《通鑑外紀》載：「上古男女無別，太昊始設嫁娶，以儷皮為禮。」儷皮即成雙的鹿皮，是婚禮聘禮之一，古人以捕魚和打獵為生，故以鹿皮贈予女性以代表想要和她結婚。這就與之前

3

婚姻演化論說法不同，並且不少周禮其實早在商朝已具雛形，周禮不少是修改自商朝不同地方的禮俗，然後才正式成為官方禮儀；這是經過漸漸的演化，並非由無到有由周公自己創立出來，因此很難說聘娶婚是周朝才開始。另外，一些少數民族原先掠奪婚的演變會否其實是受漢文化影響而轉變，而非因私產制？筆者認為這些理論解釋都有一定參考價值，但始終時代久遠，又缺乏足夠的文字記載，今天實在難以確定。

所謂聘娶婚實質豈不也是一宗買賣？

另一個爭議就是有些人認為聘娶婚與買賣婚根本沒有分別，只是買賣金變成禮金，多一個儀式而已，其實就是買賣，只是名稱比較好聽，故有「女人結婚只為長期飯票」的說法，視婚姻只為一宗交易。認為買賣婚與聘娶婚兩者沒有分別，正正亦反映禮儀在很多現代人心目中是沒有意思的，故有「一紙婚書沒有意思」的說法。在不同的生物中，只有人類有宗教和禮儀，你不會看到一隻狗有吃的禮儀，更沒有婚禮。而在人生活中並非所有活動都有禮儀，只有數個人生重要階段才有禮儀，例如滿月酒、成人禮、婚禮，然後便到死亡才有死亡的禮儀，有些人搬屋會有入伙酒，一些重要職位會有就職禮，學習有畢業禮，都是相對較重要的事。中國婚禮如此繁複，正正反映社會很重視這結合的關係，禮儀背後往往反映出如泰勒（Taylor, 2016：91）所說的「超越生物的意義」（metabiological meanings）。筆者並非要理想化婚姻，認為婚姻「只講心，不

4

講金」，始終涉及終生一起生活，實際考慮是難以避免，但婚姻的現象始終並非單單以金錢物質可解釋。如果只是講金，何不取消所有禮儀、酒席、拍結婚照，全部折現豈不更實際？難道真為要賺親友禮金而辦婚宴？！今天很多新人依然會選擇進行婚禮，就反映了他們很重視這一段關係。就如買樓，即使要數百萬，買家、賣家都不會先進行一場禮儀才進行買賣，因為那屋只是貨物，就算有與親友慶祝入伙，亦非慶祝與樓建立親密關係；但結婚是與另一人建立永久親密關係，非單單合約可表達出其意義，所以才會有婚禮。而且禮儀中有很多有意思的儀式，例如上頭時會說很多祝願說話，如說「一梳梳到尾，二梳白髮齊眉」等，並非只出於迷信，其實還反映一些期望和價值；合卺、烘爐反映着夫妻平等、同甘共苦；拜天地拜祖宗反映着夫妻二人立志同心發展家族，這些禮儀全都反映一種價值觀和承諾，並非可用金錢表達。正因人並非只是生物，除了追求物質和享受，亦會追求價值和意義，由於有些價值不能量化或用物質去衡量，所以才會透過禮儀表達對該事物的重視。

即使禮金或聘金與買賣所支付的金額一樣，但因着禮儀亦反映丈夫對妻子的尊重，反映夫妻二人相敬如賓，而不是單單涉及財產；同時，女家其實都要給女兒嫁妝的，嫁妝往往是給女兒作旁身之用（按宋朝以後法律，夫家人無權染指妻子的嫁妝）。甚至離婚，都有「七出之條」，有「三不去」，有種種限制，並不是想離婚便可以離婚，如果結婚只是買一件商品，為何要那麼多限制呢？正如買一間房子，買的時候再貴，即使

要蝕讓，都不會有人阻止。但反而離婚休妻卻有很多限制，這正反映妻子與商品不同，聘娶婚與買賣婚始終是不同的。所以不要輕看禮儀，禮儀其實反映很多事，只是現代社會習慣以物質的角度衡量，以為禮儀沒有意思。中國傳統規定妻必定要聘娶，買賣的只可為妾。賣女子為妾只是為了經濟利益，很多時妾侍都是因為家庭有困境才會被賣，主要並非為了子女的幸福。從上一輩得知，即使農村社會娶妾想慶祝，最多都只是簡單請親友吃飯，卻不會行六禮的儀式，始終地位不同。

公開禮儀反映婚姻不止是兩個人或兩個家庭的事，而是需要整個社會群體的共同見證、認可、支持和慶祝，並對結婚的雙方具約束力，故《禮記·昏義》載「昏禮者，禮之本」（「昏」即婚），視婚姻為社會長遠發展的基礎。這並非中國獨有的，在不同國家和民族的歷史背景下，婚禮儀式可能不同，但總會有婚禮儀式。昔日西方教堂的婚姻，牧師主持時會問在場人士有沒有人反對，目的是為了問清楚新人的狀況，因為可能有人在甲村已婚，然後沒有離婚下在乙村再婚，但結婚對象不知道，所以才問有沒有人反對，讓知情的人指證當事人原來在外地已婚，以免男方或女方受騙。共同見證本來已有約束力，大家對婚姻忠誠，不能瞞騙，是得到整個社群的共同見證。

古代有婚禮，而現代社會結婚需要登記，法例通常是在人做錯事後用以懲罰人，如果結婚只是兩人之間的事，那麼應該不用法例規管，例如一般商業交易（樓宇買賣除外）只需買賣雙方簽署合同，僅涉及商業法，亦不需要經政府註冊，只在有爭辯時需要訴訟。為何結交好友、義結金蘭不需要在政府

註冊，但結婚須到政府註冊？其實不同地方、不同社會都反映婚姻、家庭是社會發展的重要基礎，因為家庭是下一代成長的重要地方，家庭環境理想，下一代才可健康成長，身心靈才可健康發展。若要家庭關係好，婚姻是一個很重要的元素，很多時夫婦不和，家庭關係便不理想，下一代在夫婦爭吵的家庭環境下成長其實很痛苦，情緒上會受到折磨，不單影響學習和社交，更糟糕的情況甚至導致抑鬱症。所以好婚姻是好家庭的基礎，而好家庭是社會長遠發展的基礎。雖然聘娶婚是官方指定，亦是主流，但始終涉及一定的經濟實力，如貧窮得連生活基本都有困難的人，便未能做到六禮；付不起禮金，便會以其他形式代替，例如服役婚、招贅婚、童養婚。

服役婚和招贅婚

服役婚是指男人到女家服役，幫女家工作以補償妻子的身價。在甚麼情況下會出現服役婚？就是一個男人沒有財產但要娶妻，便唯有到女家幹活。例如有些農家擁有農地但缺乏勞動力，男的便會到女家耕田服役，若干年後便以薪金補償，把太太娶回家，這個形式就是服役婚。

另一個較為人熟悉的是招贅婚，又稱招養婚，即「招人進來，納以為婿」。這可說是服役婚的延伸，但與服役婚不同，服役婚內的男方雖然會到女家勞動，但最後會把妻子娶過門，所生的子女都是跟父系姓氏；但招贅婚則是男子入贅，所生子女亦會跟隨妻子姓。一般招門納婿的女家都比較富有，招婿

的原因可能是無子，或不捨得女兒外嫁，所以招婿改從女家姓氏。男的亦可享有女家財產承繼權，並且要贍養雙親，為其傳宗接代，故此所生的子女亦要跟女家姓氏，而一般入贅的男子都是因為家境貧窮無法娶妻。另外，如果當地原是母系氏族，就算漢化了之後都可能不太執着求子嗣，生了女兒亦不一定要追子，較可以接受透過招贅婚發展家族。台灣原居民有些族群原先就是母系社會，招贅婚曾在台灣很流行。在現今社會已很少聽見招贅婚，因為社會不再以農業為主，男性不再是主要勞動力；再者，今天很多家庭已不再強調子嗣及家族發展。

童養婚

　　童養婚，一般是指在有子嗣後領養其他家庭的未成年女子為養女，以備將來作兒媳婦，即童養媳；男家可能在男孩三、四歲時便包養一個大約八、九歲的女孩，一般被領養的女孩均家境貧寒。女孩初期會在男家幫忙做家務，到男孩已達適婚年齡便正式完房，養女便會變成媳婦。有民謠〈小女婿〉在民間流傳：「十八歲大姐九歲郎，晚上困覺抱上床。不是公婆還雙在，你做兒來我做娘。」民謠中的童養媳可能十三歲便到男家，當時男孩只有三、四歲，到了女十八歲男九歲，女的已成人，男的還是小孩，二人便像母子關係。要等到男的長大到十八、十九歲才可正式完房，情感何等矛盾！為何會有這個情況呢？女家一般是窮苦人家，由於經濟很困難，唯有賣女給人做童養媳，減輕經濟負擔。在舊社會其實很普遍，因為當時比

較窮但生育率高，所以即使不是做童養媳都可能賣給其他人做契女或婢女。而男方亦因為窮，買一個童養媳回來，既可減少日後聘金，又可幫助做家務。特別在清朝，嘉（慶）、道（光）以後，社會風氣競尚奢華，令聘金金額變得龐大，有些貧窮人家自然沒法支付，未能娶妻，唯有透過童養媳或招贅婚的模式進行婚姻關係，雖仍要支付金錢，但沒有禮金那麼多。不過，童養媳在現今中國法律中已是違法，亦甚少聽聞了。

收繼婚

收繼婚，或稱「逆緣婚」，是指女方的丈夫死後嫁給丈夫的兄弟。舉例兄亡，嫂嫂便嫁給其弟；姊亡，妹續嫁給姐夫；嫡子繼承父妾；弟亡，弟媳轉嫁兄；叔伯母轉嫁姪兒。收繼婚最有名的是武則天，武則天本來是唐太宗的妃嬪，在宮廷內已認識當時的太子即唐高宗，當時二人已有感情，但始終武則天是父王的妃嬪，不能亂倫。當唐太宗死後，所有妃嬪都送到寺院做尼姑，後來唐高宗在寺院遇見武則天，二人都難過流淚，緬懷昔日的情懷，其後唐高宗便接武則天入宮。但之後唐律規定「宗妻不婚」，收繼婚就漸減少。那為何會有收繼婚呢？起源於氏族婚姻，古時一個女子外嫁到其他氏族部落後便是該氏族的人，即使丈夫死了都不會回到原來的氏族；如果兄亡，唯有弟弟把嫂嫂娶了，不然她便沒有人照顧。

冥婚

　　這是中國最詭異的婚姻形式，對於西方而言，根本是駭人聽聞。在中國大陸，冥婚雙方生前大多互不相識，雙方家長拿着牌位進行婚姻儀式，並將女方屍骨起出來，再兩屍合葬在男家祖墳。冥婚原因是中國人相信未婚死者生前「遺憾沒有彌補的話，鬼魂會作祟令家宅不安，甚至帶來厄運」（蔡曉穎，2016）。在台灣一般是生人和死人之間的冥婚，因單身女子即使去世後也不能列為祖先接受祭祀，而必須找夫家供奉，否則無人奉祀便會成遊魂野鬼，恐為家人帶來災禍。父母會透過媒人尋找合適或女兒喜歡的男性作冥婚，由於陪嫁的嫁妝價值相當可觀（可達兩年家庭收入），故男方都會願意。當然亦不排除有小部分是兩情相悅的情人因女方突然早逝，男方因其情義將女方迎娶回家。陳中民（1991）認為近年冥婚現象反映女性地位提升，但筆者卻認為更多反映迷信思想而已。正如黃景春（2005）指出，冥婚是因為擔心死者亡魂回來作祟，當然亦不排除父母為早夭子女的情感宣洩和宗法制下子嗣繼承問題。儒家則一向反對冥婚，《周禮》載：「禁遷葬者與嫁殤者。」儒家一向重視現世生活，反對「怪力亂神」的思想。

2

傳統社會為甚麼反對同姓聯婚？
——傳統婚姻限制的意義和背後考慮

（一）同姓不婚

韓星宋仲基和宋慧喬於2017年結婚，雙宋公佈婚訊後在南韓曾引起爭議：兩人「同姓同本」不能結婚。韓國傳統深受中國文化影響；香港常見「陳陳聯婚」，南韓反而引起爭議，可見南韓某程度依然保留了中國傳統「同姓不婚」的限制。

同姓不婚自周朝起已實行，往後不同朝代都禁止，其實遠至周朝之前已經有同一氏族不能結婚的規定，可能是演進自古代氏族社會的族外婚，主要是為了避免近親繁殖，即今日所說避免亂倫。古人認為亂倫會產生兩方面惡果：生育問題和混亂人倫關係。《春秋左傳・僖公二十三年》：「男女同姓，其生不蕃。」《國語・晉語四》：「同姓不婚，惡不殖也。」古人擔心如果兩個同姓氏結婚會生得少，所生育的亦不健康。我們今天就算生兒育女都生很少，可能感覺不到那禍害，但古時人生很多，禍害就會很明顯。雖然小部分古代社會容許近親亂倫，例如古埃及容許親兄弟姐妹結婚，但大部分其他不同文化、民族，對於直系血親亂倫都有所禁止，至於對何為近親的定義則有不同

11

鬆緊程度。

> 不娶同姓者，重人倫，防淫佚，恥與禽獸同也。（《白虎通德論·卷九·嫁娶》）

> 同姓則同德，同德則同心，同心則同志。同志雖遠，男女不相及，畏黷敬也。黷則怨，怨亂毓災，災毓滅姓。是故娶妻避其同姓，畏亂災也。（《國語·晉語四》）

古人認為同姓結婚有如禽獸一樣，打亂人倫關係。本來同姓的人價值觀相同、心志相同是好事，但結婚就不好了，因會褻瀆恭敬之情，會帶來怨恨和災難。傳統中國家庭是基於宗法制，即家族裏按各大家的血緣關係親疏去區別尊卑貴賤及其社會地位，亦成為社會管治的秩序。試想如與親人發生性關係，女兒或真心、或為爭取更大權力，成為母親情敵，甚至與父親結婚變成哥哥的母親，由於情愛之事往往具排他性，這樣容易引起嫉妒紛爭。父母一方面要以愛心養育兒女，另一方面要防範子女成為夫妻間的愛慾競爭對手，必使父母子女間產生猜疑與嫉妒，家庭人倫關係便會大亂，親人之間亦會產生怨恨，有權力的人亦很容易會運用權力，在性方面控制家族中弱小的後輩，滋長淫亂。因此，為避免讓同家族裏面的嫡庶、長幼、親疏等尊卑關係混亂，也是怕對上天、對家庭關係的褻瀆和不敬，造成家庭關係混亂或帶來災難，甚至滅族，同姓婚姻都被視為畏途。如中世紀神學家阿奎那（Aquinas）指出，亂倫是會危及對父母親屬自然而有的尊敬；其次，親屬間如果帶有性關

係亦會助長淫穢之風；最後亦會限制擴大社交圈子（薄潔萍，2005：115）。傳統中國的鄉村很多時整條村子都只有一、兩個姓氏而已，全村都是相屬親戚，試想像如果容許同姓結婚，最終因着權力關係，可能大多數婚姻都停留在同一條村內的小圈子，對人類繁衍極為不利。[1]今天香港社會很少人會說「同姓不婚」，因為香港是大城市，人口眾多，就算同一個姓氏，血緣關係已經很疏，所以同姓氏的人結婚亦不再見得有問題。

所以《禮記・郊特牲》說：「取於異姓，所以附遠厚別也。」指娶異姓女子為妻，和血緣關係疏遠的人家結親，是為了嚴格區別血緣關係（厚別），以免血緣相近的人混亂關係。另外，皇室貴族們亦可以透過婚姻與其他皇室貴族作政治結盟（附遠）。周王朝除大封同姓諸侯外，就是透過周人與異姓邦族聯婚，以維繫與異姓邦族的政治軍事聯盟，並加強對他們的統治。周人找社會地位相近的異姓家族聯姻，可以藉此建立友好關係，互相支持，以致天子、諸侯與大夫之間建立起盤根錯節的聯姻關係，構成了周天子的家天下（顧鑒塘、顧鳴塘，1996：21-29）。戰國時期，七國之間的諸侯王就有不少與別國公主以結婚作為政治聯姻。其實，《聖經》中舊約記載所羅門與周邊國家的公主結婚都是希望締造一種政治聯姻。另外，個別朝代亦都有

---

1 最近有些哲學新晉，如王邦華（2017）、彭捷（2017）、MK Kong（2017）、Ingram Tam（2017），寫了一些討論亂倫的正反論點，可讀性高，當中亦引述了西方學術論文觀點。筆者認為每一個論點獨立地看的確不足以否定亂倫，但這些論點之間並不矛盾，而所有論點加起來看的確涵蓋了大部分亂倫所產生的問題；至於要全面禁止或容許個別例外情況則另作別論。

其他不同婚姻的限制。

(二) 同父異母或同母異父的兄弟姊妹不婚
和 (三) 宗妻不婚

　　這兩個的關注類似於同姓不婚，涉及破壞人倫問題。宗妻不婚就是指同宗成員死亡後，他的妻妾不能由活着的同宗男子收繼為婚，只能改嫁到其他的宗族。到唐代甚至有法律禁止宗妻通婚。雖然宗妻是異姓，但為了避免關係太混亂，古時按照禮制都反對宗妻結婚。相比《聖經》，它不但不反對宗妻結婚，甚至視之為義務，摩西提到：「弟兄同居，若死了一個，沒有兒子，死人的妻不可出嫁外人，她丈夫的兄弟當盡弟兄的本分，娶她為妻，與她同房。」（〈申命記〉，25：5）、「人若死了，沒有孩子，他兄弟當娶他的妻，為哥哥生子立後。」（〈馬太福音〉，22：24）除了因為要照顧孤兒寡婦，亦由於猶太人一向遵循內婚風俗，為避免被外族同化，保持猶太民族的純潔性和團結，古代猶太法律為禁止猶太人與異族通婚，寧可允許某程度的近親結婚。例如：亞伯拉罕為免兒子以撒與迦南人結婚，安排以撒與堂妹利百加結婚。但《聖經‧利未記》對亂倫亦是有一定程度禁止的，包括禁止直系血親、繼親、同父異母或同母異父的兄弟姊妹、姑、姨、叔、伯等性交和結婚；另外亦不可同時娶兩母女或孫女，妻子在生不可娶其妹妹，目的是避免引申親屬間的嫉妒紛爭（18：1-18）。摩西律法之前雖有列祖違反這些禁令，例如：亞伯拉罕的妻子撒拉就是同父異母

的兄妹；雅各同時娶利亞和拉結兩表姊妹。最極端就是羅得兩位女兒灌醉羅得之後同房，並生下子嗣，但這些行為並不見得是《聖經》所認可。近代猶太法律雖然較寬鬆，但與外族通婚的猶太人仍是少數（薄潔萍，2005：99）。另《聖經》並未禁止堂表親結婚，相比之下，傳統中國卻反對堂親結婚（同姓），反映除了因為血緣近親外，傳統中國更重視父系家族尊卑秩序和關係團結。

（四）良賤不婚

「良賤不婚」指有財有勢的人不可和無權無勢的人結婚，清朝最為嚴厲，反映門當戶對的封建制度觀念，由於婚姻是兩個家族之事，貴族們為維護家族血統的純潔和高貴，嚴禁與卑賤的人結婚，尊卑貴賤要分辨清楚。其實門第世族（或稱「門閥士族」）的形成與漢武帝獨尊儒術有關，由於察舉制選官員大多以富贍經學者為優先，而當時學習經學並非容易，需要一定的財力和家庭背景才能請學者教授，而經學大師將其見解一代接一代傳授其子弟，累世經學造成累世公卿世族，門第世族逐漸形成。到了三國時期，漢末天下大亂，人口流徙，戶籍紊亂，無從推行察舉制。魏晉南北朝時期官員選拔制度是「九品中正制」，官員都從世家大族中選定，門閥士族子弟憑藉自己家世就可輕易進入仕途，造成「上品無寒門，下品無世族」。社會文化崇尚出身門第，士族為了維護望族門第的純潔性，將婚姻限制於士族之間，禁止與平民通婚，強調門閥婚姻，門當

15

戶對。一方面保證其家族長久享有政治和經濟特權，對統治者而言亦較易管治，另一方面可透過婚姻，廣結政治聯盟，形成盤根錯節的關係網。這就使貴族官僚與庶民之間的界限嚴格區分，強化了良賤不婚。

門當戶對觀念影響直至唐朝，在《唐律疏議》卷十四〈戶婚〉中規定：「諸與奴娶良人女為妻者，徒一年半；女家，減一等。離之。其奴自娶者，亦如之。」唐代社會階層被劃分為「良人」與「賤人」，而當時無論是主人為奴隸娶良人，或奴隸自己娶良人，均一律受法律禁止。「門當戶對」亦都反映當時婚姻的政治意義，以致唐朝出現一些未娶妻先納妾的情況，在求官的士大夫中較普遍。另外一些門戶處於衰落的士族子弟亦因而先立妾，較晚時才結婚，甚至有些最終窮困潦倒，仕宦不成，至終未能結婚（張國剛，2012：60-68）。

不過到貞觀元年有關法律實施已鬆動很多，女性多了受教育，普遍文學素養提高，更多重視「才子佳人」愛情觀，有姿色婦女不少亦成為王家貴族的後宮，可見法律雖嚴，但民間實行上往往是官員採取「民不舉、官不究」的態度（羅慧蘭、王向梅，2016：70-73）。之後，隨着科舉制度的發展和逐步完善，社會階級間的流動增加，門望與閥閱的觀念才逐漸淡出。看來這種門當戶對、良賤不婚的觀念是由於社會階級缺乏上下流動所致。

其實良賤不婚是封建等級社會中的常有現象，在印度實行種姓制度，婚姻制就是內婚制（Endogamy），人們必須與相同種姓結婚，如有與低種姓結婚，低種姓不單不能升級，夫婦

連其後代都會一起貶為賤民。今天印度已立法廢除種姓制度，但在鄉村大部分依然跟從種姓制度的生活方式。而歐洲中世紀皇室貴族雖然多有平民作為情婦，並生下孩子，但為了政治聯盟、家族利益，無論多麼不願意亦都要與貴族結婚。良賤不婚在今天強調「人人生而平等」的時代當然認為很不合理，但這平等觀念和文明是現代產物，哲學家泰勒（Charles Taylor）（2007）在《世俗化時代》（*A Secular Age*）中提出，今天這世俗平等的社會觀是經歷過自十一世紀以來，西方由天主教推動很多次的宗教及道德社會改革，漸漸脫離過去野蠻的生活方式才能發展出來的。故此筆者估計，在古時未開化，即「人人生而愚昧和野蠻」的時代，階層劃分恐怕是管治上難以避免的方法。

另一方面，在古時不同階層的人結合，亦確有可能造成價值和生活習慣上的衝突。今天一個人無論出身甚麼社會背景，他所受的教育及其社教化已部分由學校、傳媒或宗教團體所取代，所以我們可能感覺不到家庭背景差異所造成的分別。但由於傳統中國裏，家庭是人社教化的主要地方，甚至很可能是唯一地方，每個人的宗教、理想、人生觀、價值觀、性情及待人接物的態度都深受家庭影響，所以不同階級背景的人結婚可以想像，將在婚姻生活多方面都會出現很多衝突，處理不當甚至容易產生情感的傷害。出身卑微一方有幸嫁到貴人，都只能為妾、為婢女，在高貴家庭將要忍氣吞聲，承受極大壓力。貴族一方面對貧窮親家亦很容易會盛氣凌人，婚姻關係亦將會極不穩定。「良賤不婚」正面地看，古人對婚姻種種客觀條件都顯得較為謹慎，務求建立較平等、穩定的婚姻關係和對長遠家庭發

展較有利的基礎（張懷承，1988：142-144），但壞處是漠視了夫妻情感在婚姻中的重要性；若有窮家女真的與富人相愛，都只能為妾，不得為妻，並不人道。事實上，良賤不婚和亂倫存在着某程度的張力，以西方中世紀為例，教會雖大力反對亂倫婚姻，甚至擴大限制親屬結婚的範圍，但皇室貴族結婚是為維護及壯大家族的政治及利益，而皇室貴族往往都只是小圈子，以致漠視教會禁令，出現不少繼親、血親（外甥和孫外甥等）結婚。

（五）官民不婚

為官的與平民不能結婚，其實亦即引申自良賤不婚，除了維護世家大族的利益，亦為避免官員濫用勢力強搶民女。以唐朝為例，實際社會中雖有良賤通婚案例，但只是個別情況，亦未聞有懲罰之。正如向淑雲所言，雖然官民良賤不婚的限制反映儒家「尊卑有序」，但很可能亦有其他社會因素的考慮，實例中官民通婚是極少數，而犯案的多屬官吏強奪下屬的妻妾，如此看來，官民不婚的限制亦是為制止官吏枉法強娶（向淑雲，1991：47）。官民不婚類似今天的禁止師生戀，一方面中國傳統都期望老師應為人師表，作學生的道德榜樣，而非情人；另一方面老師普遍有權力，恐怕老師運用權力操控少女，又或少女以性賄賂老師，所以即使外國性文化開放都認為師生戀違反道德。官民不婚的禁令就是與禁止師生戀類似，用來防止官吏利用特權和職務便利，迫使民女與他們結婚，敗壞封建官紀，侵犯國家利益和危害社會（孔璋，1988）。

18

3

現代家庭可能都很封建？
——封建社會的家庭特徵

　　現代一般人都認為傳統家庭是封建社會產物，「封建」一詞其實有兩個意思：一指周朝封土建國的政治；另一來自馬克思理論，是指社會以農業與手工業為經濟模式，以家庭為生產單位，地主掌握土地剝削農民，而周朝正是由奴隸社會進入封建社會的轉捩點。戰國時期，秦國秦孝公任用法家商鞅變法，使奴隸慢慢脫離奴隸主，自己組成家庭，有自己的土地和恆產，一家一戶成為獨立的社會生產單位，並以家庭為單位交稅、交地租和服兵役，中國漸形成以小農經濟為主的封建社會。

　　先秦典籍有「家」，有「庭」，但沒有「家庭」一詞。根據《說文解字》，家：「居也，從宀」，即住人的地方，「宀」反映古時的人居住在洞穴中；庭：「宮中也」，像四合院中間一個庭園；後人才把家庭放在一起使用。另外「家」下方從「豕」，反映家居之中圈養牲畜，因為從前的人拜神時候會用豬，反映拜祭祖先是中國家庭一重要活動。

　　鄭玄著《周禮注疏・卷三十五》指出「家，大夫之采地」，家庭原本是地域行政單位，而當時整個國家並非稱「國」，而是稱「天下」。天下很大，周天子一人無法管理所有地方，於是

19

便分封周室兄弟成為諸侯王分域管治，諸侯王的地稱為「國」，諸侯王再分封給大夫，大夫的地便稱為「采地」、「食邑」，一層層地分封，並且要大夫以上的階級才會有家。可見從前的家是很大的行政單位，是指由主人、士大夫、奴隸以及各自的妻兒所組成，並非現代所指的核心家庭。直至秦國統一天下，廢封建，置郡縣，大夫之家才消失，「家」不再為政治地域，後來成為「家族」的意思。

到了西周，「家」由氏族社會的父權制，慢慢衍生出宗法制度。宗法制度是指皇族、貴族按血緣關係能分配權力和遺產，以建立世襲統治的制度。宗法制度最重要是為了分辨大宗和小宗，周天子是大宗，周天子死後由嫡長子繼承，嫡長子即正妻的長子，其他兒子是嫡次子，由妾所生的是庶子，會被分封到不同地方成為諸侯。若其他兒子仍在朝廷中太接近嫡長子，會成為威脅，尤其成為皇叔之後，在朝廷有很大影響，所以把他們分封到不同領土成為諸侯王，幫忙管理天下。以整個天下來說，天子是大宗，諸侯就是小宗；大宗之位由嫡長子繼承。但諸侯王在諸侯國內就是大宗，由嫡長子繼承，其他兒子就是大夫，分得采邑管治，大夫在諸侯王前就是小宗；而大夫在自己管理的範圍內是大宗，士是小宗，如此類推。傳統中國家庭自西周起都以嫡長子作宗祧繼承，但並不代表其他子女毫無繼承權，西周就是諸子分封，到了漢、唐之後財產權是以「諸子均分」，未嫁女亦可有部分繼承財產權，宋朝還規定出嫁女繼承份額為男子的三分之一。宗法制度使到親屬間的關係大部分都建基生育（婚姻關係除外），故此血緣成為管治傳統中國社會及家

西周宗法制度示意表

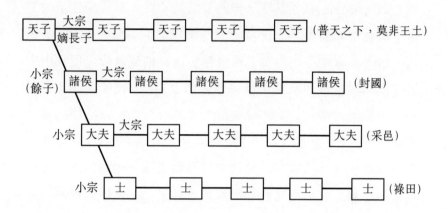

庭的基礎。

　　為何中國要創立嫡長子繼承制？根據王國維的《殷周制度論》，周朝設立嫡長子繼承制是為了平息紛爭，因為在商朝及之前並沒有嫡庶之分，繼承制基本是「兄終弟及」，即哥哥死後由弟弟繼承，弟弟都過身了，才「父死子繼」。問題是倘若最小的弟弟死去，應由誰來繼承呢？理論上是由長子的子嗣繼承，但實際上卻不一定如此發生；傳統中國社會父子關係雖不一定很親密，但始終是自己骨肉，總希望將王位傳給自己兒子。兄弟間很多都是同父異母的，雖有血緣關係，但各自母親之間宮廷鬥爭，兄弟間自小關係已不會好，長大後甚至有敵對關係。所謂的「兄終弟及」，最小的弟弟臨終前不一定願意將王位傳給長兄兒子，甚至可能為傳位給自己兒子而迫害其他兄弟或叔姪。所以導致商朝中丁以後的「九世之亂」，而嫡長子的制度正正為了糾正這個弊端。

當然嫡長子繼承制亦有其弊端，首先很多嫡長子患病早夭，則只可「立長」；其次，無論立嫡或立長，都放棄才德的要求，使制度的產出和君主政治實際需求之間有嚴重脫節（張星久，1998：24-25），若太子昏庸無能卻被推成皇帝，便會引來更大的問題。最明顯例子就是癡呆的晉惠帝（他原是嫡次子，因哥哥早夭而繼位）面對鬧災荒、很多老百姓沒飯吃餓死時，他還反問：「何不食肉糜！」除此以外，所謂「選賢」其實涉及主觀判斷；宮廷鬥爭亦不見得會因為制度確立後而消失，因為其他的皇叔、后妃可能設局陷害太子和皇后，使他們被廢，並另立太子。但中國歷代自西周起就以嫡長子繼承制，直至到清代才廢除。嫡長子繼承制對中國家庭文化影響深遠，使過去中國家庭都很重視生兒子，重男輕女，並且為追生兒子而不惜不顧自身能力，生了很多小孩，以致當發現照顧不來時就無奈地將女兒給別人作養女或童養媳，造成很多悲劇。

基於以上背景，我們可了解封建社會家庭基本上有以下六種特徵，細看這些特徵，你可能會發覺很多現代中國家庭其實仍保留不少封建家庭的特徵。[1]

1. 鄉土觀念

小農經濟使人生活的一切所需都與土地結下不解緣，衣、食、住，差不多生活的一切都來自土地，所以人對土地有很

---

[1] 這封建社會的六種特徵參考了張懷承《中國的家庭與倫理》（1993：49-66）於「家庭至上：傳統家庭的傳統」的分析，其實封建家庭另有一種特徵，就是「家國同構」，將於第 16 章再討論。

強烈的依賴感。《孟子·梁惠王上》中論治國根本，孟子説：「若人民沒有固定的產業，人心就不穩，就會缺少道德觀，甚麼事都做得出！如果管國要回到根本。給予五畝之地可以耕種桑樹，五十歲穿衣無憂；有家畜可養，七十歲老人可以食肉，八口之家都不用捱餓。處理好基本溫飽，便可以興辦學校，教導人恭敬孝順和道德，人民學懂恭敬，長者便不害怕沒有人幫助。人民豐衣足食，天下便會歸順。」西方人文主義心理學馬斯洛（Maslow, 1943）提出人類需求五層次理論，最基礎的要先滿足：（1）生理需求和（2）安全需求，之後追求（3）社交需求，最終會追求價值層次的（4）尊重需求和（5）自我實現需求；這可見孟子與現代西方人文主義心理學有異曲同工之處。

因傳統中國重視土地，以致人們有強烈固守家土的意識，絕大部分農民都會守着家中的土地，不像今天的人會四處旅行，因遠行後土地可能會被人佔用。就算官宦商人四處遊走，都會在老家購買土地作為家庭基業。土地把血緣、關係、親屬、家庭，一切都聯繫起來，所以傳統中國人家鄉觀念很重。所謂「生於斯，長於斯，死於斯」，有些人即使已移居他方，臨死都要回家鄉，所謂「落葉歸根」，視客死異鄉為不幸。到現在很多中國人仍會認為買屋買地，內心才會安穩。西方人較可接受租屋，或放下安穩環遊世界，甚至買一架可住的車周遊列國，中國人則較少放下安穩環遊世界。

2. 祭祖

傳統中國家庭很重視祭祖，《禮記·郊特牲》中説：

> 萬物本乎天，人本乎祖，此所以配上帝也。郊之祭
> 也，大報本反始也。

我們受恩於先祖就如萬物受恩於上天般，所以在祭祖時讓先祖配享如天的祭祀。祭祖源於遠古氏族社會的圖騰崇拜，從前的氏族社會都會有保護神，中國以龍作為圖騰；傳統中國亦很常歌頌、神化聖人及祖先，如三皇五帝（其實只是部落領袖）已被奉為皇、帝；民間家庭又會設有神龕放置祖先牌位，每逢節日慶典都會祭祀祖先。儒家強調天人合一，透過祭祖可與祖宗同氣連枝，中國人的家族觀念特別強，祭祖時會感到這個家庭不止有父母，而是維繫着一個很大、無形的家族網絡。

祭祖可以有以下五項功能：

（1）祭祖是對先祖表達感激和孝心，提醒自己今天所享有的一切都是先祖勞力的成果，亦提醒自己盡好職責，為後人的福祉努力，這態度都被視為人格根本。

（2）荀子認為人性惡，需要透過禮制去教化，而祭祖正是道德教化之本。透過傳揚先祖的智慧和德行，與先祖的身份認同而強化後人的道德意識。

（3）表達與祖先保持聯繫，透過祭祖可感覺先祖的靈魂一直都在守護着這個家，亦祈求祖先庇佑。所以很多家庭都有祖墳，以便其他親人死後可以與祖先同葬。雖摻雜了一些迷信色彩，但同時反映着對過身後親人的深切懷念。

（4）祭祖亦可辨別家族血統，媳婦亦需要廟見才能成為家庭成員。

（5）祭祖是促進家庭成員團結的一重要活動，有些人每年都要回鄉祭祖，這讓他們保持與親友的聯繫，增強家族意識。

人類學家德・沃斯（De Vos, 1998：330-332）曾表達，儒家的祭祖儀式是道德和美學結合，不單有助品格培育，亦帶來美感的滿足。它不是祈求福祉，而是訓練出勤奮、自律和無私地實踐的應有角色，因儒家強調培育的內在道德動力，而非外在力量。但德・沃斯所講的只是儒家哲學的理想，現實上受到民間信仰影響，道德和祈求祖先庇佑在祭祖裏是緊密相連，亦正因為祭祖結合孝道（內在力量）和祖先靈魂信仰（外在力量）這雙重元素，以致祭祖習俗歷久不衰，甚至今天這個時代筆者問學生可有祭祖傳統時，仍約有一半同學家裏依然有祭祖的習慣，而且他們之後亦會繼續祭祖，因擔心祖先會成孤魂野鬼滋擾家庭。

3. 親疏有別

費孝通（1998：29）指出親疏有別是中國人由儒家文化所引申出來的倫常關係，即由「一己」開始，透過人情法則，由近至遠地推展出去，社會範圍如一根根私人聯繫所構成的網絡。「好像把一塊石頭丟在水面上所發生的一圈圈推出去的波紋。每個人都是他社會影響所推出去的圈子的中心。被圈子的波紋所推及的就發生聯繫。」就正如儒家常強調「推己及人」、「修身、齊家、治國、平天下」，一切都由「己」開始。

4. 強調尊卑秩序

　　宗法制將人分為君臣、父子、夫婦等尊卑秩序；而在家庭中，父親具有很高權威，實行家長專制。西漢董仲舒基於《周易‧象傳》：「家人，女正位乎內，男正位乎外，男女正，天地之大義也。」甚至將這尊卑秩序視為天道的反映：「王道之三綱，可求於天。」（《春秋繁露‧基義》）

5. 重視傳統

　　由於中國是一禮治社會，維持禮的規範是傳統；受宗法制祖先崇拜以及對孝道的重視，傳統中國家庭視傳統為權威，不輕易否定傳統。這與小農經濟亦有關，作為農夫，農耕工作十分穩定，日出而作日入而息，每年工作大約八至九個月，耕種時候雖然辛苦，但生活的重複性很大，所有知識與經驗都是來自生活的經驗累積及長輩教導，每年不停的循環，偶然有些特別的情況如旱災、日蝕（像古人所說的天狗食日），年輕人沒有經驗，遇到時不知所措，但長輩可能日蝕都經歷過兩、三次，「食鹽多過你食米」，可以告訴你待會太陽便會出來，有一位有經驗的人會有安定社會的作用。所以在這樣的社會環境，累積經驗便會有很大權威性，而很多傳統的道理更是累積了很久而成的精華，一般人難以隨意否定，形成社會穩定性及團結；但同時亦容易形成家長專制，加上宗法制強調尊卑之分，家長的人生閱歷又比兒女豐富，形成很強的家長權威性。

6. 家庭為本

費孝通（1998：29）認為由「一己」開始的親疏有別使「中國傳統社會裏一個人為了自己可以犧牲家，為了家可以犧牲黨，為了黨可以犧牲國，為了國可以犧牲天下。」筆者同意費孝通所講親疏有別的親屬網，但他誤解了儒家的意思，儒家講「由一己開始」是指道德修養，而非指利益考慮。筆者不否認普遍中國人會為家犧牲家國天下，但並不同意為自己犧牲家庭是普遍現象。相反，面對社會、家庭、個人之間的利益矛盾，中國文化往往是以家庭為優先考慮。就算有貪腐官員不顧國家利益，他們都會先將妻兒送到外國去。家庭為本的觀念亦反映在中國人對不同群體的描述：一起居住的人會稱為「家人」；同一祖先的人稱為「家族」；一群人一起稱為「大家」、「自家人」；某一範圍內人們所形成的政治共同體稱為「國家」，它甚至可以延伸到一切人，變成「天下一家」（金耀基，2013：11；費孝通，1998：25-26）。中國人以家庭為本有以下原因：

（1）家是個人成長的「根」，尤其於小農經濟，人們一切作息活動和學識都在家庭裏。家庭構成了個人自我身份和認知的基本元素。

（2）家庭為個人提供物質生活一切所需。

（3）家人之間關係為個人提供基本情感依靠和精神支持。

（4）宗法制使個人的社會地位很大程度上取決於家庭的社會地位。

正如德·沃斯（De Vos, 1998：333-335）所說：中國雖沒有西方的宗教組織，但儒家家庭為個人提供了多方面的宗教功

能，尤其在自我身份建立方面，儒家強調家庭是每個人成長的地方，兒童自幼經驗到家人的餵養和保護，家人的體溫和身體接觸等構成自我的安全感，與家人的面容表情的往來在兒童內心產生共鳴，並引發互動和促進意識的認知，有助建立個人的社會身份，亦使家庭社會文化可得延續。對於儒家來說，家庭比教會和政治實體更是個人終極歸屬所在。梁漱溟（2005：78）曾說，家庭為本觀念差不多成為中國人宗教的替代品，發揮着宗教作用。一家人為家庭的前途共同努力，不是為自己，而是為老少全家並歷代祖宗乃至後代。「每每在家貧業薄寡母孤兒的境遇，愈自覺他們對於祖宗責任之重，而要努力興復他們的家。」其實今天有些日本動漫如《鬼滅之刃》、《進擊的巨人》、《火影忍者》、《聖鬥士星矢》等之所以這麼受歡迎，除了因為劇情精彩、畫工精美，亦因其中記載着一個個感人的家庭故事，很多英雄人物都是為家人而奮鬥。

4

「宅男」、「御宅族」是亞洲人
特有的「品種」？
──家庭為本的反思

　　封建制度自周朝制定，直到秦朝已廢掉，並置郡縣制，即中央集權制，但當時宗法制所形成的家庭制度卻一直沒有太大變動，一直發展至清朝都是封建社會家庭，以致家庭為本的觀念持續至今。幾千年來中國政治都很動盪，但對家庭的影響卻甚少，家庭價值依然屹立不倒，深深扎根於中國人的土地、血緣關係及封建社會的土壤中。

　　徐復觀（2004：145-146）指出，儒家認為家庭是培養個人的重要場域，自然孝悌親愛之情是人生活的起始點，家庭中相互關係可使人滿足，減少對政治的依附，家庭/家族有如一自治堡壘，可避開政府而自行解決問題，於災難或政治動盪中更會因而團結起來共渡時艱，不因外在壓力而解體，亦不會在洪流中被吞沒。正因着孝悌精神，「中國歷史上幾次大災難中的人口遷移，多是『舉族而遷』或者是『聚族相保』，才能保存延續下來的……中國以外的一切民族，都是發生，成長，而且滅亡。但僅有中國，幾乎絕對是不動搖的。」

其實歷朝歷代統治者都希望人民以國家為重，但一般老百姓對政治參與不多，最關心當然都是自己家庭的福祉。儒家原先理想是修身、齊家、治國、平天下，並非只想家庭；但又有多少中國人真可如岳飛、文天祥般一心只為報效祖國？其實大多老百姓都只是希望先保障家人生活，有餘力才為國家服務。就算在今天商業社會也如是，曾錦強（2016）有一文討論「家庭至上」，他說作為企業總裁順理成章應是把心思都投放事業上，但他卻說自己是以家庭為先，在孩子還小的時候好好陪伴及影響他們，他甚至並不追求家庭工作間平衡，承認自己只是為家庭而工作，相信這文章反映不少中國人心聲。筆者並不否定工作的意義，工作可實現人的潛能，發揮才幹造福社群。但事實上的確很多中國人工作的推動力很大部分都是為了家庭，當考慮個人其他進一步發展工作的機會、甚至考慮是否移民時都會很顧及家庭因素。

家的觀念的確讓人增強親切感和歸屬感，有助家人關係互動，離開家庭有很強的失落感，所以唐朝詩人王維有一句：「獨在異鄉為異客，每逢佳節倍思親。」文化人類學家許烺光（2002：13, 169-170）指出，美國人的人生觀是基於「個人中心」（individual-centred）和「自我依賴」（self-reliance），成年後離開父母，以致不停投入競爭中去證明自己，難以在人群中安頓自己，內心缺乏安全感。他們認為婚姻必須透過雙方之間浪漫的感情和吸引力才能圓滿，所以美滿婚姻需要雙方努力維繫，夫妻雙方間持續如情人般不斷地追求對方，時刻擔心對方可能對自己的情愛減低而有所憂慮；一旦發生婚姻糾紛，當事人都

先盡力維護自己個人的利益和權利，這使婚姻更加不穩定。

傳統中國人的人生則基於「情境中心」（situation-centeredness）和互相依賴（mutual dependence），將人和事放在一個較寬闊的網絡中去感受，看重將個人行為置入於群體當中來衡量。不論快樂與失敗都有一個較闊的社群來分享當中的喜與悲（2002：13）。因着互相依賴的觀念，中國的婚姻包含多重複雜的權利和義務，要彼此遷就，一旦結婚大局已定，關係相當持久（2002：169-170）。許烺光提到一則故事：一位中國孕婦和一位美國孕婦同住一間侍產房，中國孕婦的丈夫來探望她，她也沒有刻意化妝；相反，美國孕婦每當丈夫來探望她，丈夫還未到前，太太總會下床行到浴室去，並在梳妝檯前整衣、化妝，嘴裏不停掛着：「怎可以讓他看到我這個樣子！」那中國太太告訴許烺光，覺得那美國太太將丈夫當作外人般，剛剖腹手術完了幾天，這豈不是折騰！十分愚蠢！許烺光（2002：170）說中國人這樣看是很自然的，因為對中國來說，夫妻根本是自己人，無需如此緊張。

中國人的存在明顯依賴着父母，甚或通過父母依賴其祖先，再引申出去是一個較大的相互依賴畫面，這種依賴於自己最親近群體的情感給中國人帶來社會的和心理的安全感，使中國人較少尋求物質或心理滿足的衝動。但家庭有強烈的依賴感亦可能使年輕人太安逸，減少了對自身的責任感。例如：「宅男」、「御宅族」等，看來是亞洲人特有的「品種」，因為沒有生存危機，經常只顧在家玩電玩或看漫畫，當被父母強迫外出打工時，工作了一、兩周便已受不了，拒絕工作並繼續留在家中

玩。為何他可以如此？因為家中父母仍然會為他提供膳食，不會餓死，所以形成對家的依賴，令他求生和發奮的能力減弱。不少香港人都經驗過有內地親人覺得香港人很有錢，要求香港親人幫助、接濟他們，並視之為理所當然的義務，過分的依賴反而使人不懂得自我反思，總是覺得人家或社會對他有虧欠，造成對自身責任感的輕視，以及削弱個人的獨立性，缺乏冒險精神。

過度強調家庭為本會令個人自主意識比較薄弱，為了家庭利益很容易會逆來順受，傳統女性特別多這個情況，她們對家庭的犧牲很多時得不到他人的欣賞和肯定，所以應對傳統女性多一份敬意。另外，過度強調家庭為主，亦會限制個人外展及社交的生活；舉例來說，在傳統中國思想中，有所謂「父母在，不遠遊，遊必有方」，但這種對家人的顧慮的確會限制了個人出外發展的可能性。在傳統社會裏，個人的堅忍和犧牲可能會換來老來的權威和尊敬，但到現代社會，女性犧牲了教育機會不一定會換來老來的權威和尊敬，甚至可能因而追不上時代的變遷而只能從事低下階層的工作。然而，她們都是為家人而非自己利益作出犧牲，其精神仍是應該受到肯定的。

家庭為本亦容易產生狹隘的家庭觀念。儒家本應是主張「老吾老以及人之老」，將對自家人的關心推廣出去關心其他家人，但事實並不是每個「老吾老」的人都可以做到「以及人之老」，反而造成狹隘的家庭觀念，缺乏公德心，漠視群體利益，所以有「各家自掃門前雪，莫管他人瓦上霜」的說法；自己的家庭會打掃乾淨，但垃圾就隨意丟在街上，對於公物盡情

糟蹋。因此，中國人的公廁特別髒；即使不是街上的公廁，只是分租板間房的共用洗手間亦十分髒。就如費孝通（1998：24）所說：「一說是公家的，差不多就是說大家可以佔一點便宜的意思，有權利而沒有義務了。」甚至出外旅行時在別國古蹟、大街、購物中心隨地吐痰、便溺；使用公共設施又不排隊，說話大聲，不理會別人感受，更要命的是坐高鐵強行霸佔別人座位，還要態度蠻橫、無理取鬧等等，這等事已成國外輿論一致攻擊中國人的把柄；相信是因為中國人較狹隘的家庭觀念，太強調「私」，缺乏了「公共」意識。

而這種狹隘性亦會產生政治的保守性，因為當一個人滿足於家庭現況，就容易漠視家庭外的社會制度。所以搞革命的人不喜歡這種人，因為這類人缺少了慷慨激昂的革命情懷，不求改進。而事實上中國歷代雖然宮廷鬥爭很多，但由下而上推動的革命卻很少，歷來只有幾次人民生存困難到極點，官逼民反才出現農民起義；若非因儒家傳統受到全然否定，文化大革命是難以形成的。不似西方有為追求知識、思想、真理和宗教的文藝復興、宗教改革、科學革命、啟蒙運動和浪漫主義，以及為自由、平等、民權而推動的光榮革命、清教徒革命、法國大革命、美國獨立運動等。近代中國的多次革命和改革運動風潮都是受英美影響的，傳統中國相對較少這種慷慨激昂的精神，因為革命需要冒險，這如銅板的兩面：若比較保守就不會喜歡社會有太多動盪和變化，社會發展會較平穩；但若認為社會有太多不公義，就會感到不滿而想有變革，甚至不惜流血，因為覺得這樣的保守態度是阻礙社會「進步」。

由於個人地位往往取決於家庭地位，引申出今天「贏在起跑線」的講法，家長如有經濟能力，在子女很年幼時便讓他們學鋼琴，上 Play Group，提供胎教，懷孕時食很多補品。但要「贏在起跑線」一定要有很多家庭條件，貧窮家庭便無法「贏在起跑線」，因家庭環境的差異，不公平現象便更早出現。富人可以得到更好的教育和機會，窮人只能讀公立學校，幸好香港的公立學校算是不錯，若如美國的公立學校普遍教學質素較平庸，私立學校比較好，個人受家庭地位所影響就更甚，更強化社會地位的不平等。

　　由於家庭利益為優先考慮，強調家庭團結和關係，所以和諧、中庸往往被中國人視為重要的價值；講和諧、不走極端，好處是會較少衝突，較能維持團結關係。但太過強調和諧，則會壓抑個體性和自由的表達，異見或衝突便會被埋沒。傳統中國人一向不太懂講道理，面對衝突習慣常有兩種反應，不是聲大夾惡，就是忍氣吞聲，其實兩種反應都不是處理衝突的好方法。短時間忍氣吞聲還可以，當積怨太深，最終會爆發更大衝突，對長遠真誠關係發展並不一定有益，故當衝突過後總是要把問題拿出來心平氣和地討論。筆者並非否定團結與和諧的價值，西方過度強調個人主義，各人只知堅持己見，難以達致共識，以致團體／家庭漸漸瓦解，對下一代成長和社會長遠發展並非有利。而且當個人遇到困難時，家庭為本的觀念使家人親戚總為處於困境的家人提供協助。筆者亦並非認為個人主義比家庭為本好，或激進政治比保守政治好，只是認為團體與個人之間、忍耐妥協與表達己見之間要取得平衡，才能發

展健康真誠的家庭／團體關係。這正是西方近年主張社群主義
（Communitarianism）理論的精神所在，亦更合乎傳統中庸之
道。事實上，健康的家庭環境是有助下一代培訓出健康的自我
和人際相處的技巧。

5

為甚麼說中國人都受儒家思想影響？
—— 談儒家人倫

　　很多時我們會說傳統中國人着重道德，但傳統中國所講的道德並非指西方所指行為的是非對錯，而是指儒家的人倫關係。雖然今天中國人的家庭越來越多採納平等觀點，但一些核心的儒家價值和關係對中國家庭的影響依然根深柢固，例如強調長幼尊卑、父母和兄弟姐妹之間緊密的聯繫和責任、家庭所帶來的保障、不同角色間的責任、勤奮、紀律和重視學業等，這些價值一方面確保家庭和睦，另一方面亦導致不少人際間內心的衝突（Slote, 1998：38）。相對地，道家強調逍遙、無為而治、少慾知足，超脫世間，基本上不多談家庭人倫，甚至認為過度重視人倫和習俗會使人虛偽，束縛個人自由，故《道德經》說：「大道廢，有仁義……六親不和，有孝慈」；而法家着重君臣間的尊卑、權力和責任，重點在於維護皇權和對國家有效的管治；而墨家主張兼愛，即人人平等的博愛，反對尊卑之分，被孟子批評違反孝道。但漢武帝以儒家為官方思想後，傳統中國的家庭人倫關係主要是受儒家思想所影響，就算之後有個別道家或佛家之士講孝敬，基本上亦是採納了儒家思想而已。

　　儒家經典主要包括「四書五經」，由宋朝的儒家學者朱熹

所制訂，「四書」指記載孔子的說話的《論語》、由孟子撰寫的《孟子》、而《大學》、《中庸》是由朱熹在《禮記》中抽取最重要的兩篇。五經指《詩經》、《尚書》、《禮記》、《周易》、《春秋》，《詩經》、《尚書》及《春秋》都是由孔子整理編纂，《周易》包括《易經》和《易傳》，《易經》相傳是周文王主編，以八八六十四卦、陰陽的交替變化反映中國古典的宇宙觀，孔子編寫《易傳》是為解釋《易經》的道德原理。《禮記》是漢朝時候編訂的，收集春秋戰國至秦漢時期的禮制、儀禮解釋、孔子與學生對話和道德教導。原本儒家經典是有六經的，還有《樂經》，但在秦朝焚書坑儒時已被燒毀，所以剩下五經。另外主張「性惡」的荀子其實亦都是儒家學者，但朱熹認為荀子所主張的與自己心中人性本善的主流儒家思想不一致，故沒有編進儒家的經典中。

　　基本上儒家的核心家庭人倫是指「五倫」，即五種常有的人倫關係：君臣、父子、夫婦、兄弟、朋友。「父子有親，君臣有義，夫婦有別，長幼有序，朋友有信。」（《孟子‧滕文公上》）這五種人際關係到今天仍然有參考價值，除了父子、夫婦、兄弟的家庭人倫外，今天仍然有朋友關係，在工作上仍有上司下屬關係，類似是君臣關係。特別要留意的是，在五倫關係中有三倫（父子、夫婦、兄弟）都是家庭關係，而事實上君臣關係都只是父子關係延伸，父子關係重孝，而君臣關係則重忠，而忠、孝在儒家被視為類似的概念，以致有由移孝為忠的看法。而朋友關係亦是從兄弟關係推演，以至最終視「四海之內皆兄弟」。《孟子》中的「五倫」即父子之間有親情，君臣之間有仁義，夫婦之間重視男女角色區別，並且基於長幼有序原

則。儒家文化在古時被四周國家視為文明的表現，紛紛派人來中國學習，東南亞國家都深受儒家文化影響。例如，韓國人比中國人更重視長幼尊卑，對不同輩分的人有不同稱謂，年輕的對長輩（就算只差一歲）都須使用敬語（哥哥、姐姐、前輩等），有南韓人甚至認為韓國才是儒家發源地，孔子都只是參考他們而已。

另外，《禮記》主張十義：「父慈、子孝、兄良、弟弟、夫義、婦聽、長惠、幼順、君仁、臣忠」（〈禮運〉）這個不是簡單講父子關係（「有親」），而是講相互間不同的責任，父對子要慈，子對父要孝；長兄要愛護弟弟，做弟弟要對兄長恭敬（「弟」在古文作動詞時有恭敬的意思）；丈夫要有道義，妻子要聽從；長者要慈惠，晚輩要順從；君對臣要仁愛，臣對君要忠心。根據杜維明（2008：137-139；Tu, 1998：122-124）所說，傳統儒家人倫是一種雙向關係，不是單方面要求後輩對長輩好，同時亦會要求長輩對晚輩有仁、慈；這人倫關係同時反映天人之間相互一體的關係。而一般傳統上要求年幼子女要敬重和順從父母，父母的責任則要照顧年幼子女，教導他們並為他們成家立室，為子女留下好名聲和遺產；基本上，如許烺光（Hu, 1998：62-63）說，儒家視父親對過去祖先及將來孩子都是負有責任的。雖然原意是雙向的，但現實由於政治和權力的因素，往往強調在下的對上要順從，而社會又特別重視兒女要孝順，如果父親不慈怎麼辦呢？傳統中國社會較少思考如何對在上位的權力有所制衡。

從「五倫」至「三綱」的思想背景

　　如上文所言，先秦儒家的五倫重視雙向和相對關係，但到了漢朝漢武帝時，董仲舒主張「罷黜百家，獨尊儒術」，將儒家政治制度化，成為官方正統思想，董仲舒尤其主張「三綱五常」，將原本雙向相對的關係變成單向絕對的關係，成為日後中國人倫關係的重要根據。三綱即是「君為臣綱、父為子綱、夫為妻綱」（《白虎通義·三綱六紀》），這個與孟子所提倡的五倫關係雖有類似，但有三方面重要不同：（1）三綱是單向的要求，父為子綱，即父作為子的綱領，單方面要求子向父服從，但沒有提出父對子的責任；（2）孟子五倫是父子關係先行，但三綱卻是君臣關係先行，反映君權先於家庭倫理（韋政通，1985：127）；（3）三綱只包含君臣、父子、夫妻，都是較不平等關係，缺少了兄弟、朋友相對地較平等的關係。五常即「仁、義、禮、智、信」，這些德性則沒有多大爭議；但三綱觀念卻受到不少學者批評，尤其五四運動中反孔批儒，五四學者認為儒家思想迂腐，維護君主，不利現代化、科學及民主發展，當代新儒家學者嘗試為儒家辯護，他們研究先秦及漢朝的思想史，發現先秦儒家並非主張君為臣綱，君主的地位並非最高，只是漢儒董仲舒把儒家法家化。舉例來說，徐復觀（1976：381）主張在董仲舒之前並沒有三綱觀念，董仲舒將法天哲學、陽尊陰卑觀念應用到人倫關係，「在文化上所遺留的無可原諒的巨大毒害」。其實「三綱」最先並非由儒家提出，董仲舒之前雖沒有「三綱」一詞，但三綱觀念其實是來自戰國時

期的法家《韓非子》:「臣事君,子事父,妻事夫,三者順則天下治,三者逆則天下亂。」(〈忠孝〉)三綱觀念高舉君權,並將五倫的雙向關係置之不顧。而中國家庭關係的心理文化一直都是受到三綱威權和五倫仁慈兩者間的相互影響(Tu, 1998: 122-130)。儒家思想本是有制衡君主的思想,透過施壓要求君主行仁政,正如《孟子》說:「民為貴,社稷次之,君為輕」、「君有大過則諫,反覆之而不聽,則易位」、「君之視臣如草芥,則臣視君如寇讎」,孟子明顯地把君主位置放於百姓福祉之下,強調民本思想,所以統治者一般都不太喜歡先秦儒家。明朝明太祖朱元璋甚至將《孟子》某些不利君權的章節刪去,至朱元璋死後,永樂九年才恢復《孟子》全本。相反,法家高舉尊君,雖使秦國國力強盛並最終統一天下,但由於政策太嚴苛,缺乏對君主和人民道德仁義的教化,所以秦朝很快便滅亡。

　　漢朝汲取秦朝經驗並作出反省,並在漢朝初年以「黃老之術」,無為而治,經過長期戰亂,民生凋敝,在亂世當中,漢朝選擇與民休養生息,之後甚至帶來文景之治,社會較安定,百姓富裕起來。很多時經歷長時期亂世,人們會渴望一強勢君主平定亂勢,一統天下,但太平盛世時長期嚴苛的管治亦使人民厭倦,無為而治可讓百姓休養生息,甚至可能帶來一陣的興盛。但到漢武帝年代,各地諸侯國勢力越來越強大,而當時官僚、貴族等功臣集團,其實原本都只是草莽出身,沒甚麼文化素養,他們憑藉封建特權大規模地掠奪土地,亦威脅到中央管治。之前漢景帝亦曾經進行削藩,但由於國力不足,最終導致

七國之亂。但漢武帝時期是漢朝中興強勢之時，他不願再無為而治，要採用一個有條理的思想以達致他大一統的理想，所以便採納了董仲舒的儒家思想管治國家。董仲舒的儒家思想其實與先秦儒家並非完全一樣，孔子雖然也贊成尊君、忠君，但強調「君使臣以禮」、「以道事君，不可則止」，孟子思想更會制衡君主。可是，漢武帝是一個強勢的君主，不接受「君為輕」思想，董仲舒的儒家其實是將儒家與法家結合，所以才會有法家的三綱思想，把君主放在最高，這個法家化的儒家很迎合當時君主專制。現代的儒家學者指責董仲舒出賣、扭曲了儒家，但亦有同情董仲舒的，認為在當時很難想像有君主制以外的制度，儒家只有配合當時形勢才能用以治國，推行仁政。孔、孟的主張是很理想，可是他們所提倡的卻終生不被君主採納，只能成為日後的教材，而不能成為真正治國思想。今天當然有人批評董仲舒，但筆者認為不能忽略當時環境，其實董仲舒所做的對儒家也有貢獻。首先，董仲舒始終強調儒家仁政和王道的思想，要求君主必先成為道德典範，又推行禮樂教化，儒家又有豐富文化資源，足以應付日後各種政治社會管治的需要。自春秋戰國以來長期的戰爭，社會急需重新整合，儒家可為當時提供社會整合和長治久安的資源，為日後人才培育起了重大影響（韋政通，1985：185-213），最終能將儒家思想更有效地推到鄰近國家。從歷史上看，當儒家思想成為國家的主流思想後，歷朝管治都比較長久，如漢、唐、宋、明、清等大皇朝，都是主要以儒家思想治國，因着國家的推動，儒家人倫得以在傳統家庭植根，雖然我們不一定讀過儒家經典，但儒家人倫透

過日常的家庭生活，透過一代代的社教化得以承傳下來。

倫理本位的社會

西方的道德重視無私的、分析行為的對錯，但中國人的道德觀卻深受儒家人倫影響，常會重視關係多於真理。如梁漱溟（2005）指出，中國傳統社會是由家庭生活推演出倫理本位的社會，與傳統西方強調集體生活不同。西方於中世紀發展則以基督教為中心，基督教相信神是唯一絕對，而非屬於某家某邦的神靈，打破並超越家族關係。到中古世紀，封建集團以莊園制度運作，莊園是一集體社會，涵蓋居民之全部生活，而教會為市民提供一切社會上、宗教生活上、禮儀上的安排，西方人過集體生活，並非如中國般以人倫關係為基礎的一家一戶經營的小農經濟生活，缺乏集團生活經驗。因此傳統中國人缺乏公共觀念，在公共場合還以為自己在家裏，大聲談話又不懂排隊，一大群人之間靠人情合作維繫，缺乏組織，更缺乏法治精神。

而這種倫理本位的社會文化特色之一就是面子文化。根據黃光國（1988：7-55）所言，很多心理學研究反映中國人的國民性格是社會取向，相比美國人的個人取向性格，中國人的自主性、攻擊性和社會外向性都較低，而順從性、妥協性和尊重權威方面都較高，因此形成社會服從性、不願得罪人及順從社會和權威期望等性格；所以，做決定時往往並非按客觀標準，而是按情境中的關係與權力判斷。個人面子是他於社會上所獲得的社會地位或聲望，而這地位除了基於個人的特質和成就，

亦基於他所屬的關係群體的勢力。別人是否「給你面子」、為你提供協助，一定程度是受到關係以及面子影響，故一般人都喜歡運用各種方法去與一些掌握資源支配權的人拉關係，以拜訪、送禮、宴客等方式加強彼此的情感關係，資源支配者受過對方恩惠，欠了對方人情，一旦有需要時，便有義務回報。

傳統中國雖不算是道德相對主義，但除非涉及大事大非的事，其他事很多時都是關係至上，講情面多於講道理，或者可稱之為「關係主義」。在主張尊卑的環境裏，很多時都是有面子的人主導，其他人都不太敢表達意見，容易形成是非不分和社會巨大的惰性，或盲目遵從傳統，扼殺個人創意和有意義的交流，形成保守狹隘的封閉思想，對長遠的社會發展不利。有不少年輕人甚至經驗過，父親礙於尊嚴，常擺出嚴父姿態，嚴厲斥責家人的過失，但當自己犯錯，父親硬要面子，甚麼事都不願認錯，認為道歉是很沒面子，常以藉口或謊言遮掩自己的過錯，對家人造成很多傷害。強調尊卑和諧關係的確有助社會穩定，但穩定亦可能是停滯，世界不只得中國，當其他國家不斷發展、進步，中國仍然保持穩定地停滯，便會落後，很容易出現問題。

但這種以家庭倫理為本位的社會亦有好處的。梁漱溟指出，中國傳統社會的經濟亦是以倫理為依據，父親還在生時家庭財產是不分的，就算分也是為方便管理，之間仍有彼此照顧的義務，富者需向貧者周濟、施財。鄉黨宗族間還有義倉、義莊、義學等共有財產作為救濟孤寡貧乏，這都是基於倫理觀念上。西方常有數百萬失業工人從國家領取救濟金，西方是集體

負責制，而中國有問題則找各自的關係幫忙。對於現代人，我們很常覺得這種基於關係所引申的經濟交往和期望十分麻煩。在現代社會經濟富裕、政治環境穩定的情況下，國家福利制度當然較為可靠，亦可避免人際間關係的張力。但當社會動盪，政治制度失效時，這種家庭倫理本位的觀念確為很多貧困人士提供保護。正如梁漱溟（2005：75）指出，在中國八年抗戰期間：「除以農村生活偏於自給自足，具有甚大伸縮力外，其大量知識分子和一部分中上階級之遷徙流離，卒得存活者，實大有賴於此倫理組織。」

6

傳統父親為甚麼都這麼嚴肅？
——論父母子女關係

父子關係

　　相比西方，傳統中國家庭很多時都重視父子關係多於夫妻關係，家庭以父子關係為主導，許烺光（1990：160）稱傳統中國家庭為父子軸心（father-son axis）佔優勢的關係。對中國人來說，夫妻關係是社會關係，不是血緣關係；但父子關係不單有社會關係，亦有血緣關係，而血緣關係在中國人際關係中扮演很重要的角色，今天我們知道即使領養的父母對被領養的孩子很疼愛，亦有合宜的管教方式，但被領養的孩子仍常有自卑心和有身份危機，總有一種被拋棄的感覺，甚至情緒比較波動。若現代社會都有這個現象，可見古代社會人們重視血緣關係並非完全無理據。

　　傳統家庭亦很重視生育兒子，尤其《孟子》記載「不孝有三，無後為大」，「後」特別指兒子；七出之條中沒有生子可以「出」妻。現實中，由於休妻情況很少，丈夫往往藉此娶妾生子。強調子嗣是因兒子長大後可以繼承父業，發展家族；對於傳統中國人，建立大家族是進入上流階層的標示之一，大戶

人家都過着上流社會生活，甚至會受皇帝褒揚（許烺光2002：166），故所有中國人都渴望「丁財兩旺」、「兒孫滿堂」。所以傳統中國會以父子為家族發展的軸心，而女子在家庭的地位因而較低，被視為旁枝，尤其嫁人後會成為另一家族的媳婦和母親，所以較少受到家庭重視。

由於父子關係是家庭核心，故特別強調孝道，視百善以孝為首。《禮記‧曲禮上》中説：「夫為人子者：出必告，反必面」，即外出和回家都應知會父母，這是今天都適用的基本禮貌。雖然傳統儒家主張父慈子孝的雙向責任，但現實中傳統社會很多時候只強調子孝，較少強調父慈，儒家又經常以舜為榜樣，雖父親不仁但舜仍然很孝順，這更強化了這種不平等的關係。今天有法律懲罰父母疏忽照顧，但在傳統社會，自隋唐時代開始已有法律懲罰不孝，不孝之罪是十惡之一，屬不赦之罪。

父母權威

「家長」是指家中具有掌管家庭事務最高權力的一位，傳統社會一般情況都是以男性為家長，就算丈夫死去，亦是以長兄為父，只有在特別的情況下（丈夫死去，兒子又太年幼），女性才會被迫擔起家長崗位，多數都是迫不得已，因為要與其他家族的男性傾談討論，有時甚至要討價還價，由於缺乏教育，一般女性知識不比男性好，相比下較吃虧。父親掌管家庭的財產權，對子女有監護權、教令權、主婚權，尤其是懲戒權，如子

女有錯可以家法侍候，即以竹板木棍施體罰，所以諺語有云：
「棍打出孝子，嬌養忤逆兒。」現代西方很反對體罰，有些地方
甚至立法禁止，但傳統中國人卻認為體罰是必不可少的。筆者
認為太過嚴厲的體罰當然不好，但亦不贊成完全廢除體罰；適
度的體罰有時是需要的，因子女太年幼時並不懂講道理，例如
當子女打架甚至用口咬對方而又未能喝停時，單講道理未必會
理會，若沒有任何體罰，有時便會難於管教。但體罰亦要有原
則，不能作為宣洩父母憤怒的途徑，不能當眾羞辱兒女，以及
須預先警告。若體罰過重，便變成父母自己發洩情緒，對子女
心理健康亦可能有不良影響。很多家長，特別是母親，因對管
教子女很上心，所以亦很容易影響情緒，特別是當子女重複犯
錯時，會令父母親更怒不可遏；要管教子女，父母亦要學懂管
理情緒。其實古人亦強調管教子女要帶着仁慈的心，成年後的
兒子便不能再罵，幼年的兒子亦不應鞭打：

> 夫為人父者，心懷慈仁之愛，以畜養其子⋯⋯冠子不
> 詈，髫子不笞。（《韓詩外傳》，卷七，第二十七章）

儒家社會雖然是男性主導，但現實家庭生活中，母親才是主導
的力量，因為主要是由母親負責養育、監督和維持家庭日常運
作並撫養孩子。而很多父親往往是在家庭爭執中隱退，他們從
自己父親中學得儒家的設定模式，成為家庭最終紀律的代表人
物，使家人感到嚴肅、敬畏和遙遠，他被要求負責教導、指導
和訓練孩子們；除非對着幼女或孩子，否則父親甚少向兒女表
達情感（Slote, 1998：40-41）。

傳統中國思想常常説：

> 嚴父出孝子，慈母多敗兒。（《增廣賢文》）

> 父子之嚴，不可以狎……狎（親近）則怠慢生焉。（《顏氏家訓・教子篇》）

父子之間若太親近會變得不莊重、怠慢，其實不一定父子，傳統社會亦擔心師生間太過親近，關係過於輕鬆，會影響學習態度。而孔子對他兒子伯魚的態度較疏離亦使他學生陳亢理解為「君子之（疏）遠其子也」（《論語・季氏》），傳統中國父親都以疏遠而威嚴的態度與兒女相處（Slote, 1998：41）。

　　來華傳教士明恩溥（2002：175）批評中國孝道很多時只強調子女對父母的孝順，少提及父母對子女的義務。他引用《聖經・以弗所書》（6：1-4）：「你們作兒女的，要在主裏聽從父母……你們作父親的，不要惹兒女的氣，只要照着主的教訓和警戒養育他們。」他認為聖經裏這種父母子女之間相互責任是傳統中國儒家所缺乏的。這批評雖不無道理，但亦並非完全正確。傳統中國雖有很多嚴父，但儒家其實亦強調「父慈子孝」，慈父才是父親的極致表現：

> 為人父止於慈。（《禮記・大學》）

> 父母威嚴而有慈，則子女畏慎而生孝矣。（《顏氏家訓・教子篇》）

《顏氏家訓》正強調要在嚴與慈二者之間取得平衡，作父母者要有嚴亦有慈，子女才會有敬、慎與愛的態度，做子女年幼時可能沒有分寸，父母須作出管教，父母如太慈祥，毫無威嚴感，年幼子女不害怕，亦難以施教，會被視為寵壞和溺愛，故古人常說「慈母多敗兒」。但《顏氏家訓》亦提醒父母：「父不慈則子不孝。」父母太嚴厲，子女只知畏懼亦不會孝順，所以儒家理想的父親形象應是平衡威嚴與仁慈的中庸之道。與其以體罰使子女害怕，古人更強調為人父母應以身作則，作一個公義的人，受人景仰，為子女建立榜樣：

> 仁者，百姓之所慕也；義者，眾庶之所高也。為人之所慕，行人之所高，此嚴父之所以教子，而忠臣之所以事君也。（《淮南子‧人間訓》）

父為子綱的思考

漢朝確立「父為子綱」，形成了一種單向、專制、不平等關係，其實除了因董仲舒理論外，亦與中國人的實際生活情況有關。中國是小農經濟社會，從前很少人讀書，一切的知識、生活技能都是倚賴家庭，從家庭獲得。很多人都沒有受教育，就算有機會得到數年學習機會，大部分實用知識依然是從長輩身上得知。成年男子從長輩身上學懂農耕、生活技能、待人處事，並繼承土地、家產，以勞動養妻活兒，延續家庭；一切的德行、社會生活的交往，都是從父親身上學習得來，資產亦是

繼承自父親，在這種生活和經濟上高度依賴父親的環境下，令兒子很難不順服，自然會形成父親的權威角色，所以孝與順常會相提並論。而事實上，雖說傳統中國法律以「父為子綱」作為長輩、晚輩之間關係的規範，但有歷史文獻顯示實際家庭生活中，父母子女間的關係亦可以有更多人情味的，尤其有不少父親寵愛女兒的例子出現（張國剛，2012：69-74）。

唐代詩人孟郊的〈遊子吟〉就表達出母親對兒女的無私的愛護、無微不至的照顧和對子女擔憂的情懷。很多時母親關懷自己的兒女比關懷自己更甚，心思意念都是以子女福祉為念。〈遊子吟〉的背景是兒子要去打仗，在兒子遠行前，母親便為他縫製厚厚的衣服，讓他穿久一點，最後一句：「誰言寸草心，報得三春暉。」正表達母親對子女無私的愛護，試問誰可說得準這兒子日後真的可回報母親？亦反映兒女們對母親永遠感到回報不足的唏噓。正如陳曉華（2016：5-9）所說，傳統中國表面上雖是男性的世界，但因着女性作為妻子和母親這兩重角色，男人一生都離不開女人的調教，就算是孔、孟二人（儒家思想根基的締造者），如果沒有母親的深遠影響，他們亦不一定有如此的萬世基業。而朱自清的〈背影〉則表達着傳統中國父親對兒女的關愛，父親對一位二十歲的年輕人要獨自坐火車到北京唸書感到不安心，親自送他，照料他上車並替他買橘子；望見父親買橘子時在月台爬上攀下的背影，他禁不住熱淚湧流，亦唏噓不知何日可再與父親相見。不過現實中，一般老百姓大多為農民，受教育不多，更不懂得跟子女講道理，多強調子女順服，少提及父母的慈愛。

父子關係拘謹亦與傳統中國一向含蓄地表達感情有關。西方表達愛意就直接說「我愛你」，但中國人總不喜歡直接表達情感，而用圖像、比喻的方式含蓄地表達感情，〈遊子吟〉以「臨行密密縫，意恐遲遲歸」表達母親對兒女的憂心掛念之情，〈背影〉以肥胖父親為兒子買橘子時吃力地在月台爬上攀下的情景表達父親關懷照顧，而兒子感動流淚卻又要「趕緊拭乾了淚。怕他（父親）看見，也怕別人看見」以表達內心的深情。筆者認為直接和含蓄表達是可以並用的，我們不一定要像西方人般將「我愛你」無時無刻掛在嘴邊，但亦不應毫不表達。尤其我們並非每一位都能像朱自清、孟郊般用文學作品表達對家人的深情，一些直接的表達雖然可能感覺膚淺，但仍有助建立家庭關係。

　　在自然情感方面，即使年幼時如何不喜歡父母嚴厲，但當長大成人，自己結婚生兒育女後，便會明白照顧一個孩子是多麼不簡單，特別是看到自己的父母年事已高，自然會想表達多一份敬重以答謝父母的深恩。雖然父親不一定仁慈，甚至有些父親染有惡習，只顧賭錢、吸毒，又或有婚外情，傷害了家庭，但大部分事例都可看到大多傳統中國父親都是有意識地承擔起家庭、養育兒女的責任。雖不會說出口，但行為上仍可以看到。而父親一般亦視子女為自己生命的延續，所以特別關注子女成長的成就，以此兢兢業業，以兒女的成就為榮。中國人在這方面特別明顯，子女有成就父母都特別覺得光榮，與外國人不同，外國人較少因為子女的成就而感到光榮（雖然口中經常說："proud of you"），亦不會因為子女的失敗而影響自己

的面子，但中國人會認為子女的事就是自己的事。這反映父母會視子女為自己的一部分，榮辱與共，子女不出色，做父母的都會感到丟臉和難堪。

　　許烺光（2001：148）在探討喜洲鎮文化時指出，其首要的文化要素就是「父子同一」，即父子間的權利和義務是相互的：父親養育兒子，兒子孝順父親，而且這種相互責任不單是對父子，亦是對先祖的責任，「一個人立於世間，不僅夾存在天地之間，更有先祖與子嗣，於是一言一行便總是在天地君親之間斟酌斡旋。」這種相互關係形成以父子關係為主軸的家庭，並支撐整個家族結構，甚至擴展至宗族及國家。中國傳統的君臣和臣民關係都是建基於父子關係上，以致中國人形成金耀基（1983：80）所說的「權威性人格」與「權威的社會結構」，這種權威的社會結構雖然有助傳統社會穩定，但亦可能削弱社會的創造力和冒險精神。

7

阿媽和老婆跌落海，
傳統男人先救哪位？
——論婆媳關係

　　婆媳關係，在傳統上亦是以父子關係去看待。《烈女傳》中多講述婦女勤儉持家、孝養姑舅（即老爺、奶奶），就是要求媳婦視公婆如自己的父母般孝順，但實際上常有婆媳關係不睦、婆婆虐待媳婦、媳婦伺機報復的情況。甚至有一些兒媳因家庭矛盾而被休，可是過錯卻在婆婆（張國剛，2012：43-46），而《禮記·內則》亦規定：「子甚宜（喜歡）其妻，父母不說（悅），出（休妻）」，如果兒子拒絕休妻，會被視為不孝。所以問在傳統社會裏，阿媽和老婆跌落海，男人會先救哪一個？答案都很明顯吧！

　　其實如果父母親（老爺、奶奶）的夫妻間感情要好，家庭的情感關係還可以較健康；但如果夫妻感情不好，甚或很多衝突，丈夫容易將情感轉向家庭以外的女性，而母親則容易將一切的情感和寄望轉向兒女，尤其是長子，原因有三：(1)可以補償在丈夫身上找不到的安慰和情感；(2)將兒子培育成才亦使母親感到有成就和驕傲；(3)如果與丈夫關係差，妻子感到

在家裏不安全，往往亦會表現出軟弱、無助、被支配的形象，使兒子同情並站在母親一方，共同對抗父親。過程中母親可能越來越佔有並過度控制兒女，形成一種不健康的母子情意結。而當有一天兒子結婚，這種不健康的母子情感進一步又會影響婆媳關係。奶奶傳統上對年輕媳婦都很嚴厲，一方面可能嫉妒媳婦與兒子的關係，兒媳不單年輕，又是兒子的性伴侶，對於母子情意結構成威脅；另一方面，兩人背景生活習慣不同，奶奶總覺得有責任要盡早教導年輕媳婦知慳識儉，持家有道。在傳統社會，年輕媳婦沒有地位，就算充滿沮喪和怨恨都只能壓抑，並安慰自己：「自己孩子一天長大後，自己也將成為奶奶，將得到別人尊重！」到她成為奶奶，她之前的壓抑沮喪和怨恨又轉向兒媳表達（Slote, 1998：42-44）。

　　另外，有很多古文講論孝順公婆的要求，在今天看來亦難以想像。以《禮記・內則》為例，當中的內容要媳婦一早起來恭恭敬敬服侍公婆的要求真的像服侍皇帝一般，視媳婦如奴婢，並且「在父母舅姑之所……升降出入揖遊，不敢噦噫、嚏咳、欠伸、跛倚、睇視，不敢唾洟；寒不敢襲，癢不敢搔」。即要求在公婆面前出入門戶都要俯身而行，不打飽嗝、噴嚏、咳嗽，不打呵欠、伸懶腰，不左靠右倚，不斜視，不吐唾沫也不摸鼻涕，感到寒冷也不加衣，身上發癢也不搔癢。試問寫這些要求的人是甚麼心理？難道在公婆面前搔癢、打噴嚏、咳嗽就是不孝？連熱衷孝道的趙澤厚都批評說：「這一篇『內則』不知是甚麼人寫的，可能是一個心理不健全的老人寫的，……可能就是因為有他這篇文章，才造成中國千百年來專制的父母與

54

殘暴的公婆，尤其是婆婆，虐待兒媳，成為中國舊時社會的一大病害。中國大家庭制度之不能保持，此必為一主要原因。」（摘自金象逵，1974）莫說公婆心理變態，若有媳婦真的如此照着行，不久日子心理也會有毛病。所以，實在令人懷疑有多少古人真的按這些不合理要求服侍公婆。

常聽見中國人說，婆媳關係是幾千年來最難處理的關係，正如費孝通（2006：40）說，在農村社會，我們總會見到老年婦女總是喋喋不休地咒罵媳婦，丈夫和公公白天都外出勞動，婆婆和媳婦卻留在家裏，媳婦感到自己常被婆婆看管着，並且經常受到批評和責罵，但她必須服從婆婆，否則會被丈夫責罰。老年婦女總覺得媳婦是不合心意的，如果家庭糾紛鬧得忍無可忍，媳婦可能被休，休妻通常由婆婆提出，甚至可能違背兒子意願，但如果媳婦說服丈夫堅定地站在她一邊，婆婆就會覺得以往一向孝順的兒子偏偏結婚後卻都只站在妻子一邊，認為兒子被媳婦帶壞，有的兒子又會抽離於婆媳間的爭執，最終婆媳關係越來越惡化。

到了現代社會，由於多了婦女受高等教育和出外工作，媳婦的家庭地位提升，不再需要依附夫家才能生存，所以不用低聲下氣，不少媳婦的知識比婆婆更高，亦更能適應現代社會生活，婆婆的權威不再隨便發揮，有些甚至是媳婦當家的（雷潔瓊，1991；薛素珍，1991）。就算在台灣農村，由於有工廠鄰近郊區，媳婦會從事非農業工作而經濟上獨立，他們不再依靠父輩，有些甚至慫恿丈夫與父母「分隨人食」（分開收支和伙食），不再受公婆管束（胡台麗，1991）。雖然媳婦不再像以

往低聲下氣，但有些性格較剛烈的婆婆依然可能與媳婦發生衝突，偶然亦會聽到因婆媳衝突處理不善而導致離婚的個案。所以有時婆媳衝突，婆與媳當然有責任，但丈夫在當中都是很重要的人，應該扮演主動的角色，小心調停婆媳關係。由於婆媳相處非常困難，在今天的香港，大多女性都不再與公婆住，就算一起住很多都外出工作，家務都交由外傭處理，婆媳衝突可大為舒緩，但卻轉變為婆傭衝突；像對以往的媳婦一樣，婆婆總覺得外傭做家務是不合心意的，以致發生不少衝突。面對這些婆媳、婆傭衝突，除了勸年輕人對長者多一份忍耐，亦勸長者不要太執着，很多婆婆由於年輕時經歷世代艱難，她們一力承擔起照顧家庭的責任，她們的付出和貢獻應得到肯定；但亦由於一直以來對家事都太上心，樣樣事情都要管，對年輕媳婦或家傭的做事方式總是諸多不滿，又總是囉囉嗦嗦，甚至諸多批評。年輕人的忍耐都會有限度，忍到某程度情緒就會爆發！這實在不是大家樂見的情況。

8

夫為妻綱還會有愛情嗎？
——論夫妻關係

夫為妻綱

董仲舒在《春秋繁露·基義》中說：「君臣、父子、夫婦之義，皆取諸陰陽之道。」他以陰陽觀解釋人倫關係建立出三綱思想。而在《周易》中亦可看到，古人在思考天地間的變化時，體會到「一陰一陽之謂道」，天地萬物充滿陰陽元素、相生相剋的規律，並且從中看到男尊女卑的觀念：

乾，天也，故稱為父；坤，地也，故稱為母。（《說卦傳》）

家人，女正位乎內，男正位乎外，男女正，天地之大義也。（《易經·家人》）

古人認為女性身體反映了女人在兩性關係中處於被動及傾向尋求被保護的位置，又以乾坤對應天地、男女的關係，將男尊女卑的觀念嵌入天地的規律中。

雖然《周易》中有陽尊陰卑的內容，但只是小部分，更多是強調陰陽平衡，相互轉化和相互依賴。正如王蓉蓉（Wang,

n.d.）指出，陰陽原本並沒有尊卑觀念，「陰陽是價值觀平等的象徵，其根植於統一、動態和協調結構的宇宙。」但到東漢，受專制政治發展影響，班昭的《女誡》提出：

> 夫有再娶之義，婦無二適之文，故曰夫者天也。天固
> 不可逃，夫固不可離也。

而宋儒程頤亦對《易經・家人卦》解釋為：

> 陽居五在外也，陰居二處內也，男女各得其正位也。
> 尊卑內外之道，正合天地陰陽之大義也。（《易程傳・
> 家人卦》）

以陰陽比喻夫妻，將丈夫比喻為天，有絕對性，所以夫可以再娶，但婦卻不能再嫁，要求妻子對丈夫絕對順服。班昭在宮廷中寫《女誡》是為要教導宮廷中的女性，當然要將君權、父權寫得非常絕對。現實中，在農業社會，由於女性大多從事家務或附屬性的勞動，經濟上必須依賴丈夫，加上宗法制度，女性沒有獨立地位，自然造成男女地位極不平等。

　　費孝通（1998：43-47）認為鄉土社會主張男女有別，形成男女間性別疏離，目的為要維持鄉土社會秩序的穩定。由於男女的戀愛是基於異性結合，以相異為基礎的結合自然充滿阻礙，但亦都充滿不停克服阻礙的激情；浮士德式的文化視生命為充滿激情不斷地追求創造和轉變，但這不利於社會穩定及長遠發展。他認為現代文化高舉男女間的浪漫感情，已使生育的事業搖搖欲墜。相反，鄉土社會不容許這種浮士德式的文化，

反而強調阿波羅式文化，即強調維持宇宙中完善的秩序；夫妻間相敬如賓，男男女女按既定規則分工合作，是為了保證生育功能的完成，亦保障家族事業的效率與紀律。

傳統夫妻感情淡薄？

現代很多人都認為快樂的夫妻關係都是二人必先深深地彼此相愛，儘管面對外界壓力仍自主地選擇對方，從此雙方都必須視對方為生活中的首位，將這種關係置於任何其他關係之上；丈夫和妻子對彼此以及他們養育的孩子負有最高的義務和最深切的忠誠，不允許父母和姻親干涉婚姻。已婚夫婦應該可彼此間分享最親密的感情和秘密，公開表達相互愛意，坦率地談論所有問題，同時在性方面相互忠誠。但婚姻史家 Stephanie Coontz（2006：15-23）指出，這種將對性、愛、婚姻完全結合的觀念是來自現代的西歐和北美，在歷史上卻是很少有的。中世紀不少婚姻都是政治婚姻，他們並不期望婚姻關係間的愛情，他們甚至認為宮廷愛情又或與情婦之間的關係才是真正愛情。傳統中國、印度和非洲都是由父母包辦婚姻，父母會先考慮對方的家庭背景是否合適，並認為愛是結婚之後才建立的，甚至認為夫妻間的愛太強烈會不利與其他家族成員之間的關係。在西藏、克什米爾、尼泊爾和印度的部分地區，一個女人可同時嫁給幾兄弟；在博茨瓦納，他們甚至認為多幾位妻子可幫忙減輕家務。

費孝通（1998：41-42）認為傳統中國視家只為一事業組

織，以父子為主軸連續地發展下去，凡事都以效率為考慮，夫婦之間合作，各自做好自己的本分，但夫妻卻感情淡薄，大多沒甚麼情感交流。伊沛霞（2004：138）指出，在宋朝的傳記中，往往將理想夫妻關係寫得比較內斂，表現出相敬如賓。丈夫一天在外工作已經很辛勞，一位好妻子不應因為她自己的活動和感情而打擾她的丈夫，不應向丈夫傾訴或告訴他有關她一整天的事，以瑣事打擾丈夫，就算結婚幾十年都應將他當作「客人」服侍。一位丈夫若對妻子公開表達感情，即使在家裏，也被視為弱者的表現。

相比美國的個人主義文化，許烺光（2002：53-68）指出很多美國人只要兩人彼此着迷就可以愛得火熱，愛是可以無需理由，無論先愛後性，或先性後愛，性與愛必須聯繫才是高尚，與婚姻和生育並無關係；他們認為性和愛是完全個人的選擇，亦不介意公開地表現親暱。但傳統中國人以情境為中心，性和愛、婚姻和生育是整套地看，愛只是眾多考慮因素的其中之一，還要考慮對父母的義務和家族的聲望，傳統中國人亦不會公開表達親密關係。在現代的中國社會裏，受到西方文化影響，這以情境為中心的看法雖已逐漸減少，但仍非完全消失，筆者過去認識不只一位受西方高等教育的女性（博士或學者），都因顧慮父母親對男朋友的看法和評價而影響了她們與伴侶的情感，以至婚姻的發展。

故此，有不少人認為傳統中國的夫妻最多都只做到相敬如賓，感情淡薄，再加上「父母之命、媒妁之言」，結婚對象根本就不是自己選擇，夫妻之間地位又不平等，所以傳統中國夫妻

間並沒有愛情存在，最多都只是有一份恩情。作者卻認為昔日的人雖然沒法選擇，但心態不同，他們一旦結婚便認定對方為終身伴侶，總會努力嘗試磨合，慢慢產生感情，情感是可以培養，若只因一見鍾情，過不久亦可能幻想破滅，所以關鍵之處是要培養感情。

心理學家史坦伯格（Robert Sternberg, 1986）有一著名愛情三角理論，他認為愛情包含三個元素：激情（passion）、親密（intimacy）和承諾（commitment）。史坦伯格認為三者結合才是完整的愛情（consummate love）：

（1）「激情」是指外在性和愛於感覺上的吸引，是愛的動力元素。

（2）「親密」是指雙方透過彼此的溝通與分享，所建立出相互間親密和連結的關係，是愛的情感和友誼的元素。

（3）「承諾和委身」是指立志／立誓去投入、培育和維持彼此間愛的情感和關係，是理性認知的元素，一般是在婚禮中公開表達這意願。

史坦伯格愛情三角理論

這理論認為，一見鍾情只是因激情一時本能地被激發而迷戀對方（infatuated love）而已，現代愛情很多時都以激情為起始，但若沒有進而培育出親密和承諾，激情會隨時間而淡化。而現代西方所講的浪漫愛情（romantic love）是包括激情和親密兩個元素，但由於承諾和委身不足，不少都難以長久維持，一旦激情不再，又或因意見衝突而發生爭執，親密關係淡化，雙方不再感覺愛對方，就會各行各路，今天離婚率高可能就是因為缺少了承諾和委身。又或者說，現代西方人很多都已不懂得如何維繫長久婚姻關係。

　　今天愛情電影情節很多都放在浪漫、激情元素上，以《鐵達尼號》（Titanic）為例，男女主角都是俊男美女，關係充滿激情而短暫（只得三天），而且面對外在阻撓，繼而克服，突破既有框架，最終死亡將之昇華；浪漫愛情的劇情就算不死，亦都是以婚禮作終結，或最後簡單一句：「王子和公主從此過着幸福美好的生活。」如果《鐵達尼號》的男主角沒有死，他們結婚後的愛情會是怎樣呢？十二年後另一套電影《浮生路》（Revolutionary Road），找回《鐵達尼號》男女主角飾演一對夫妻並有一孩子，講述一現實的家庭故事，當中充滿生活的掙扎、苦悶、空虛和絕望，面對工作上的挫敗、意外懷孕、應否移民等問題兩人發生嚴重爭執，並彼此攻擊對方的人格，結局女主角因不忿和挫敗而發生婚外情，並自行墮胎而意外死亡，留下心痛懊悔的男主角和孩子。一般影評都認為《浮生路》是為《鐵達尼號》續篇的現實版，反映很多現代人的浪漫愛情都強調短暫激情，卻不知如何長遠維繫關係。

在傳統中國婚姻關係中，除非幸運地遇到很有吸引力的人，一般來說的確激情較少，但一定有承諾，因他們的婚姻不單為自己，亦為家族。之前我們討論到傳統婚姻的很多規範，現代人會覺得傳統很多壓抑和束縛，但傳統規範為的就是要確保婚姻是一生一世，有很強的承擔；若能隨彼此相識而發展出親密感，則可成為伴侶式的愛（companionate love）。

今天的關係很有激情，不少亦繼續發展出一些親密關係，是浪漫愛情，但個人主義和重視激情的現代人較以往難以對另一人實踐承諾，出現衝突便容易關係破裂。不過，浪漫愛情若能發展至終身委身和承諾，則能成為完整的愛情（consummate love）。就如唐君毅（2005：27）所說，夫妻關係源於本能的愛慾，因而「結合相愛」，繼而自覺這「結合相愛」的關係，愛這關係，繼而將之轉化成超本能、精神性的關係。這源於自愛產生愛他人，照顧對方，對對方體貼和了解，不再是肆意滿足一己本能之慾，而是發展出節制、相互幫助和同情的關係，以致夫婦間產生彼此感恩之情，故中國稱之為「恩愛夫妻」，彼此向對方的善意和善行表達感恩，由此夫妻感情累積，道義關係加深，這道義關係意識規範了夫妻二人不隨便離婚。對於唐君毅來說，這不單只是建立婚姻關係，亦是整個道德生活之發展歷程之一。傳統中國都很強調白頭到老：

> 夫婦之道不可以不久也，故受之以恆，恆者，久也。
> （《周易・序卦傳・下》）

婚姻強調承諾，結婚當天已是決定與對方廝守終生，所以有說

「一夜夫妻百夜恩」。由於互相交託給對方，所以有一份恩情，即感恩之情，夫妻關係一旦建立，關係便應歷久不衰。

另外，傳統中國亦有些詩是表達夫妻間的愛情，例如：

> 死生契闊，與子成說。執子之手，與子偕老。（《詩經‧邶風‧擊鼓》）

「契」即合，「闊」即離，「成說」即約定，有說這詩的背景是戰時，即將要打仗，生死未卜，詩人想起當初與太太的承諾，感觸而寫下的詩。

還有今天以「卿卿」代表夫妻之愛，其實亦有一典故。原本「卿」並非指夫妻之愛，而是指在上位對下屬所表達的愛，所以皇帝對臣子會稱為「眾卿家」，丈夫對妻子都是用「卿」。在魏晉南北朝時期，西晉的「竹林七賢」之一王戎和妻子的感情非常好，妻子以卿稱王戎，王戎不高興地說：「婦人卿婿（以卿稱丈夫），於禮為不敬，後勿復爾。」他妻子回答他說：「親卿愛卿，是以卿卿。我不卿卿，誰當卿卿？」（《世說新語‧惑溺篇》），所以「卿卿我我」便成為一個典故。

而更令人感觸的是一些悼亡詩，如蘇軾的〈江城子〉：

> 十年生死兩茫茫，不思量，自難忘。千里孤墳，無處話淒涼。縱使相逢應不識，塵滿面，鬢如霜。
> 夜來幽夢忽還鄉，小軒窗，正梳妝。相顧無言，惟有淚千行。料得年年腸斷處，明月夜，短松岡。

蘇軾十九歲與王弗結婚，感情要好，可惜約十年後妻子離世，這是蘇軾晚上想起已逝十年的妻子，由於墳墓在妻子的家鄉，即使想去探望她的墳，向她傾訴亦沒法子。同時，他亦想到，即使能相見，她都可能認不出自己，因仕途飽歷滄桑，兩鬢斑白，樣貌蒼老；午夜夢迴，自己回到家鄉，見到妻子正在窗邊梳妝，卻淚流滿面，無法說一句話。另有唐代詩人元稹的〈離思〉：

曾經滄海難為水，除卻巫山不是雲。
取次花叢懶回顧，半緣修道半緣君。

有分析指這是詩人為悼念早逝的妻子而作。以「滄海之水」和「巫山雲雨」比喻在眾多女子中再找不到如妻子的好，明明是很掛念卻又要表現得如不在乎般，可見古時的人即使沒有太多的激情，感情亦比較內儉，不喜歡直接表達，但卻仍然可以感受到他們一些深層和細膩的感情。傳統中國人情感表達的確較含蓄（尤其在外人面前），但含蓄並不代表就是冷漠！這種含蓄表達確是有利亦有弊；含蓄表達是以圖像思維或比喻方式，透過一些事物圖像引發讀者內心深處的共鳴（意外藝術，2017），如果讀者能夠產生共鳴，確會感受到一份深情。相比有時候在荷里活電影中，各角色都常常說：「I Love You! I Love You!」聽得太多，便感到是陳腔濫調，尤其現代西方愛情劇集中，男男女女不停又戀愛又分手，情侶角色之間換來換去，又常常：「I Love You! I Love You!」真的懷疑那愛有多深？傳統中國人的弊端就是實在太含蓄，一句「我愛你」都不講，假設大家均是心

照不宣，結果很多婚姻、家庭出現問題的當事人都表示不能確定對方是否真的愛自己，於是大家就缺乏信任和安全感。我們不一定要像西方人般常常將「I Love You! Proud of You!」掛在口邊，但適時的表達的確有助維繫關係。

9

兄弟如手足，夫妻如衣服？
——論兄弟之情與長幼有序

　　傳統中國以「手足之情」形容兄弟姊妹之間的關係，兄弟姊妹之間自小共同生活，培養出相互依賴、相互幫助的親密感情。北齊顏之推說：

> 夫有人民而後有夫婦，有夫婦而後有父子，有父子而後有兄弟，一家之親，此三而已矣。（《顏氏家訓‧兄弟篇》）

可以說由此類推至九族亦是基於「夫婦、父子、兄弟」這三種家庭關係，所以是人倫之本。顏之推亦指出，如果父母過了身，兄弟不和，子姪就關係疏離，甚至彼此敵對，家庭容易成為其他外人攻擊的對象。按傳統中國規範，父母在生期間不能分家，「別籍異財」視為不孝。家中兄弟和未婚姊妹實行同居共財，生活消費平均分配。從經濟角度看，小農經濟生產規模是基於勞動力的多少，分家必然削弱家庭勞動力，故傳統中國視兄弟同居共財為家庭和睦幸福的象徵，故《禮記‧禮運》中說：「兄良、弟弟、夫義、婦聽⋯⋯講信修睦，謂之人利。」還有「一根筷子易折斷，十根筷子難折斷」的寓言故事，都是強

調兄弟齊心團結的重要。《大清律例》甚至有懲罰罵兄姊，杖一百；若毆傷者，再加徒三年，相比一般平民打架的刑罰都只是鞭笞四十。當然在傳統中國，除非父母已過身，否則一般判定家庭爭執在父母而不是官府。

唐君毅認為子女是夫妻愛情的客體化，而兄弟間友悌為父母愛情堅貞道德的客體化，即夫妻間感情若能一貫地相愛，這愛將貫穿兄弟間的感情。因為同一父母所生，兄弟間有「一心共命」的意識，亦由於他們都出於同一父母，他們的關係應是「平等相敬、重相友愛」（唐君毅，2005：37-38）。

基於血緣關係，傳統中國甚至重視兄弟之情過於夫妻之情，故曹端說：「兄弟，天合者也；夫妻，人合者也」（《夜行燭・兄弟》）。另外，也有「兄弟如手足，夫妻如衣服」的看法，這看法從現今社會角度看很值得商榷，相比之下，西方基督教認為夫妻是二人成為一體（《聖經・創世記》2：24），就更不認同「夫妻如衣服」的講法。事實上，這傳統觀念在傳統社會亦不容易落實，無論在南北朝或明朝都有文獻顯示，兄弟成人娶妻後親情日薄，有些甚至反目。傳統士人都認為導致兄弟不和的兩個主要因素是金錢和婦人，丈夫更是問題的關鍵，因丈夫是負有管教妻子之責，所以儒家強調夫為妻綱，男子不應受婦人影響而薄親情，導致家庭不和（呂妙芬，2017：256-258）。

長幼有序

另外，兄弟之間是以長幼有序的精神相處，視年齡作為

人倫關係的要素，即以年齡和人生經驗設立社會階級的價值根據。一般來說，年長是更有經驗和智慧，故他的意見更值得尊重。傳統思想要求後輩對長輩必恭必敬，長幼有序。故古文載：

> 坐不中席，行不中道，立不中門。(《禮記·曲禮上》)

> 凡為人子弟，須是常低聲下氣，語言詳緩。不可高言喧鬧，浮言戲笑。父兄長上有所教督，但當低首聽受，不可妄大議論。(《童蒙須知·言語步趨第二》)

作為後輩，不會坐下，站立和走路都不會在中間的位置，會讓位給長輩。作為後輩當要請教長輩時應低聲下氣，態度謙恭，不應態度輕浮。有時父母不喜歡子女駁斥，是因為覺得子女根本沒有聽進心內便已反駁，宜先聽清楚才回應，更不應以囂張態度回應，才能得到教導。

費孝通（1998：66-68）認為，長幼有序是傳統中國家庭中極重要的原則，它不單用以劃分親屬中的關係，形成社會生活原則，亦是以長幼原則有效進行社會教化。中國傳統社會文化轉變很少，向來非常穩定，社會生活基本都是按傳統，「這社會可以說是沒有政治的，有的只是教化。」而儒家強調「苛政猛於虎」、「為政以德」，正是希望建立以教化權力至上的王者，取代以橫暴權力維持秩序的霸主心態。但當社會文化不穩，傳統辦法不再足以應付當前問題時，長幼原則的教化權力就會縮小；尤其當傳統經驗不能再作指導，傳統習慣反而可能

成為適應轉變的阻礙，變成了頑固和落伍。

重德多於重齡

　　對於現代人，這種強調尊卑、長幼的秩序往往被視為違反人人平等的原則；但在傳統社會，其實亦有它的功用。根據德・沃斯（De Vos, 1998：352-354, 348-350）所言，對師長的尊重和服從可推動個人勤奮、自我改進，做好自我角色以使將來可以更成功，在刻苦中自我訓練有助克服日後種種困難，培養出堅忍的德行，所以順服雖是暫時放下權利，但為的是日後可得到更大的權力。另外，強調權威和尊卑亦會使兒童更着重考慮現在當下的處境，和與他人的合作關係，有助團體建立。但不足之處在於，相對地，英美兒童會較獨立，就算兄弟間亦較重視競爭而非合作，他們會勇於冒險，對未來充滿憧憬，亦甚少考慮與他人衝突會阻礙自己未來的發展。但英美這種文化亦有不足之處，英美孩子對權威較不順從，有些甚至是對老師無禮，更甚的可引致課堂混亂，師長難以施教，以致有些老師因而離開教學行業。

　　事實上，儒家並非以年齡為唯一階級的根據。舉例孔子曾責備原壤：

　　幼而不孫弟，長而無述焉，老而不死，是為賊！（《論語・憲問》）

孔子批評那些年幼時不講孝悌，長大後又沒有可述説的成就，

老而不死，是害人蟲！由此可見，年長而無德行亦不見得值得
尊重。《孟子》中講到齊王多次召孟子到朝廷見他，但孟子認
為齊王沒有學習德行的態度，故託病拒絕。景丑問孟子，根據
《禮記》，父親或君主召見，豈不應立刻起身前往，為甚麼孟子
聽到齊王召見卻反而不去了，這豈不違反《禮記》？孟子回答
說：

> 天下有達尊三：爵一，齒一，德一。朝廷莫如爵，鄉
> 黨莫如齒，輔世長民莫如德。惡得有其一，以慢其二
> 哉？（《孟子・公孫丑下》）

即天下有三樣東西是最尊貴的：一是爵位，一是年齡，一是德
行。在朝廷上最尊貴是爵位；在鄉里最尊貴是年齡；至於輔助
君王治理百姓，最尊貴的是德行。孟子質問：齊王怎麼能夠單
憑爵位就來怠慢其年齡和德行呢？孟子認為如果君主有請教於
人，就應親自拜訪，以反映他是尊重德行喜愛仁道的王。由此
可見，孟子視德行更甚於年輕和爵位。

傳統中國雖強調「長幼有序、兄良弟恭」，但弟妹對兄姊的
尊敬與子女對父母的尊敬亦屬不同層次，傳統中國有不孝罪，
並受到重視，但沒有不悌罪，罵兄姊罪亦只在明、清朝才見，
亦不如不孝罪嚴重。以往父母做錯事，子女只可以諫之，父母
怒而撻之，也不敢怨懟，但兄長就沒有這種「特權」（張懷承，
1988：254）。始終兄弟姊妹之間只是同輩，重視的應是和睦、
團結的手足之情多於長幼間的尊卑秩序。正如《顏氏家訓・兄
弟篇》說：

> 兄弟者，分形連氣之人也。方其幼也，父母左提右
> 挈，前襟後裾，食則同案，衣則傳服，學則連業，游
> 則共方，雖有悖亂之人，不能不相愛也。

兄弟姊妹都由父母一起帶大，自小一起吃喝玩樂、生活和學習
直至長大，即使偶有荒謬亂來的，也不能不相友愛。而五倫
中，朋友關係放於兄弟之後，反映兄弟之間相處之道有助建立
家庭以外的朋輩關係。正如中國人喜歡稱呼緊密的朋友為：
「好兄弟」、「好姊妹」。

孔子強調：「孝弟也者，其為仁之本與！」（《論語·學
而》）根據杜維明（Tu, 1998：128）所言，儒家認為孝敬父母、
尊敬兄長是為仁的根本，是因為儒家認為道德修養始於認知到
一個事實：我們的血緣親屬關係為我們提供實現真我的機會。
如果認識到我們的成長是受益於我們的父母和兄長，我們的幸
福與否是與我們的家人分不開，這認知會產生一種對家庭相互
義務的意識，這意識是對家人恩情的一種回應，那恩情是永不
能完全的回報，並且認為願意去回報家人的恩情是道德上應份
的。但如果自己父親是沒良心、兄弟是心懷詭計地針對自己，
家人之間根本就缺乏這種相互性，要真正做到孝悌是極之困難
的。杜維明（Tu, 1998：128-129）認為，從舜的故事中可看到，
儒家並非意識不到以年齡輩分去協調家內關係的困難和複雜
性，只是對儒家來說，在培養品格方面，沒有比家庭更根本的
地方。

10

父親偷竊，兒女應否舉報？
——論孝道與價值衝突

　　孝的觀念源於西周，當時主要表現於祭祖及傳宗接代。後來到了儒家的孔子、孟子、荀子最多提及孝道。諸子百家中，最出名的有儒家、道家、墨家和法家，墨家雖也說孝，但並不重視，他們更強調兼愛、愛無差等，不避親疏，即類似今天的平等主義，反對儒家的親疏之別、厚葬久喪，所以被孟子批評其思想實為不孝。道家強調無為而治，認為儒家很多道德禮教使人束縛，道家並非反對孝，但認為過於着重禮教會使人虛偽。法家只關心忠君，尤其反對太重視孝道，認為儒家以情感孝道為基礎的德治會威脅到法治，是故《韓非子・五蠹》批評「儒以文亂法」。傳統中國最重視孝道和家庭倫理的是儒家，中國人重視家庭價值亦因受儒家影響。孔子承繼周禮的傳統，並反思歸納出禮儀背後最核心的思想——「仁」。

仁與孝

　　「仁」是甚麼意思？

仁者，人也，親親為大。（《禮記・中庸》）

仁者，即是要做人應該要做的事。首先就是要「親親」，即親愛自己的親人，可以看到儒家與墨家不同，它強調家庭倫理的優先性，與墨家主張人人平等兼愛不同。儒家強調孝悌（敬）是仁之根本，因為儒家認為孝順父母的人很少會對國家不忠，所以孝是社會道德的根本。

何謂「孝」？《說文解字》中說：「善事父母者，從老省、從子，子承老也。」從字義上理解，最簡單的意思是好好對待父母，「孝」字是「老」字自刪了下半部，加上「子」，即一個子承擔起老人意思。但如何才算「善事父母」？

生，事之以禮；死，葬之以禮，祭之以禮。（《論語・為政》）

首先，父母在生要奉養他們，並且關心他們身體健康，噓寒問暖。為免父母有需要時得不到照顧，儒家要求「父母在，不遠遊，遊必有方」（《論語・里仁》）。除了奉養，還要對父母尊敬。孔子在《論語・為政》中說：「一般人們都會養狗養馬，若養父母而沒有敬，那與對待畜牲豈不沒有分別？」孝子亦要好好照顧自己，因為：「身體髮膚，受之父母，不敢毀傷。」（《孝經・開宗明義》）

第二，儒家亦強調父母死後亦要以禮看待，即「守喪三年」。但這一習俗其實具爭議性，墨子就批評這種「厚葬久喪」使人們身體虛弱，工作無效，社會混亂，故墨子主張「薄葬短

喪」(《墨子‧節葬下》)。但傳統中國二千年來都實行守喪三年，並不見得因而社會混亂，可見墨子顧慮可能誇大了！因為傳統中國是實行小農經濟，除了官員要請假還鄉守喪外，根據《禮記‧三年問》只是要求生活簡樸些，禁娛樂及喜慶事，穿喪服，並且實質只是守二十五個月喪，並無停止工作，對農民生活影響不太大。孔子認為守喪三年合理，是因為一個嬰兒自出生要由父母貼心照顧三年才不需要再抱養，父母照顧子女如此辛苦，子女為父母守喪三年作回報是非常合理。在今天的商業社會，工作步伐急速，很多人於守喪上已是很有彈性，甚少人可嚴格守喪三年。其實守喪有心理治療的效用，現代人守喪太快的確可能未能處理內心的悲痛。

最後，還要祭祖續統，慎終追遠。祭祖有多方面的功能，祭祖提醒孝子行事以父母先祖為念，行事謹慎，甚至行出正道，揚名後世，光宗耀祖。

論不孝

另外，孟子特別提及「五不孝」：

惰其四支，不顧父母之養，一不孝也；博弈好飲酒，不顧父母之養，二不孝也；好貨財（為人守財），私（偏愛）妻子，不顧父母之養，三不孝也；從耳目之欲，以為父母戮（使父母蒙羞），四不孝也；好勇鬥狠，以危父母，五不孝也。(《孟子‧離婁下》)

概括「五不孝」就是懶惰、爛賭、刻薄、縱慾狂歡和好勇鬥狠。正如余錦波（2013：91）所說：孝道是一全面做人道理，它不單要求我們保護身體，亦提供教育和培育對他人的愛、尊敬和謙虛的基礎，要求我們於言語和行為上都要謹慎。孟子另外有說「不孝有三，無後為大」（《孟子・離婁上》），其實它上下文並沒有指明哪三件不孝事，之後漢代經學家趙歧於《十三經註疏》解釋，若父母想做不仁不義的事，子女盲從不加勸阻是一不孝；子女做宅男宅女不工作賺錢是二不孝；不娶妻生子，繼續對先祖祭祀，是三不孝。

於《唐律》更有列明十大不孝的罪狀：（1）檢舉告發祖父母、父母的犯罪行為；（2）罵祖父母、父母；（3）背地裏詛罵祖父母、父母；（4）祖父母、父母生存期間自己另立戶口、私攢錢財；（5）對祖父母、父母不盡最大能力奉養，使其得不到生活滿足；（6）父母喪事期間自己娶妻或出嫁；（7）父母喪事期間聽音樂、看戲；（8）父母喪事期間提前脫掉喪服穿紅掛綠；（9）隱匿祖父母、父母死亡消息，不發訃告、不舉辦喪事；（10）祖父母、父母未死謊報死亡。這十條條例中，很多時可能已經因着時代不同而沒有繼續遵行，當中最具爭議的是將子女舉報父母犯罪視為不孝。

父為子隱，子為父隱

如果父親違反法律，作為子女應否告發？《論語・子路》中有所討論：「葉公指他的家鄉有一位正直的人，知道父親偷

了人家的羊便去舉報他。但孔子的回應是，在這情況兒子為父親隱瞞，父親為兒子隱瞞才是直。」今天我們可能認為這樣的行為實在有違法理、公義。

另《孟子・盡心上》中有另一爭議性討論：「桃應問孟子，舜作為天子時，皋陶是法官，假如舜的父親瞽瞍殺了人，那怎麼辦？孟子回應：『把他逮起來就是了。』桃應問：『難道舜不阻止嗎？』孟子説：『皋陶只是按所受職責辦事，舜應放棄天子之位，偷偷地背負父親逃走，終身逍遙。』」

當發現自己的父母做了不仁不義之事，是否可以告發他呢？儒家很重視親情，視之為無可取代的地位，亦是「仁愛」思想的根本，故此主張父子彼此互相隱瞞過錯。但舜有公職在身，不能徇私，面對親人犯法又不應懲罰，豈不忠義兩難存？孟子認為公職可以有人取代，但父母子女的關係是不能被取代，既要不妨礙社會公義，唯有放下身份，兼乎孝。當要兩面都兼顧時，便要思考其他方法，可能需要犧牲自己所擁有的一些東西。

劉清平（Liu, 2007：1-8）批評儒家是為了親情而導致道德腐敗，范瑞平（Fan, 2010：1-7）則為儒家辯護，他認為劉清平不當地將西方康德式那種匿名的、離地的普世道德加諸於儒家思想，劉清平正重複昔日墨家對儒家的批評；但對儒家來說，除了道德規範外，家庭關係亦都是一道德的重要考慮，因為家庭關係是構成我們人生價值重要元素，並且是一般社會關係的典範。而且孔子並非鼓勵子女幫助父母違法，他只是不舉報而已。有人亦指出，思考子為父隱是否合理時，亦要思考兒女犯

案，父母應否隱瞞？在現今社會，兒女違規往往比父母多，不應只反對子為父隱，而接受父為子隱。

筆者認為父子相隱其實並非全無道理，以澳洲法律為例，法官有酌情處理權，即如果法官認為，強制被告配偶、父母或子女作證，對被告與證人之間的關係可能造成損害，或引起痛苦，便可豁免他們為控方作證。看來有些西方現代法律其實某程度與儒家精神相符。就算在今天，很多子女當父母犯了一些較輕的法律和錯誤時（例如：拾遺不報、僭建、瞞稅、紅燈過馬路等），大多不會舉報；但若涉及嚴重的罪行呢？例如：如果父親性侵犯或強姦自己女兒，作子女的就有必要舉報，否則只會縱容繼續犯錯。

11

孝道有現代價值嗎？
——愚忠愚孝與現代孝道

愚忠愚孝

五四運動時曾有反孔批儒，其中一點就是攻擊儒家孝道，舉例五四學者吳虞（1985：61-70；172-177）批評：「儒家以孝弟二字為二千年來專制政治、家族制度聯結之根幹」，把中國弄成一「製造順民的大工廠」，欲破除君主專制，必先破除家族制度及孝悌思想這些不平等思想的束縛。其實五四學者的批評主要是集中愚孝的問題。從宋代起，孝的觀念出現極端化發展，提出「君叫臣死，臣不死，臣為不忠；父叫子亡，子不亡，子為不孝」、「天下無不是的父母」等口號，這些並不是先秦孔孟儒家的思想。甚至不知何時起，傳統中國將「孝」和「順」連結起來，「孝順」一起並非四書五經中可以找到。元朝編的《二十四孝》故事中更有一些極端例子：

> 郭巨，家貧。有子三歲，母嘗減食與之。巨謂妻曰：「貧乏不能供母，子又分母之食，盍埋此子？兒可再有，母不可復得。」妻不敢違。巨遂掘坑三尺餘，忽

見黃金一釜，上云：「天賜孝子郭巨，官不得取，民不得奪。」

這個「埋兒奉母」故事結尾完全不合乎現實，試問如果郭巨真是為養母而埋兒，豈不陷父母於不義！母親看到愛孫因自己而被殺豈不難過至極！所以此典故在五四運動中備受魯迅批評。還有一個名為「懷橘遺親」的孝道故事也是令人難以理解的：六歲小孩陸績因媽媽愛吃橘子而在袁術家偷了兩個橘子，在西方人眼中，孩子父親並非窮人，為何要偷橘？但中國人卻視之為孝道典範，這都是西方人難以理解的（明恩溥，2002：171）。還有「臥冰求鯉」、「割肉養親」、「恣蚊飽血」、「嘗糞憂心」等孝道故事，雖想帶出孝感動天的精神，但卻嚴重違反常識。許烺光（2002：89-90）提及曾在雜誌中和朋友傳聞中知道，真是有為醫治父母的痼疾而割肉養親以致傷亡的事故，明恩溥（2002：172）更知道有年輕人為自己割肉養親的傷疤而十分自豪。

不過，坊間很多時單以一些比較極端的孝道故事去反對儒家孝道亦不公允，《二十四孝》編錄於元朝，流行於明、清朝，與先秦儒家未必完全一致，亦非所有儒者認同，事實上後來有很多人亦批評「埋兒奉母」違反儒家《孝經》中「天地之性，人為貴」的儒家人本觀念。另一方面《二十四孝》還有其他如「負米養親」、「扇枕溫衾」、「一日三朝」等故事，其孝道精神到今天依然適用。有些西方人看過迪士尼（Disney）製作的《花木蘭》代父從軍的故事，都被她的孝心感動（韓佳、嚴藝，2016）。

「勸姑孝祖」更提醒大家「己所不欲，勿施於人」，終有一天大家都會成為老人家，想老來得到別人尊敬，起碼年輕時要尊重家中的長輩。

凱思·納普（Knapp, 2005）指出，這些孝子故事原先都始於東漢至南北朝期間精英階層和士人主張、收集和用以教導其家族成員學習順服於家長，之後漸漸普及到民間。孝子故事流行於這期間是因為兩大歷史脈動：（1）精英階層擴展家庭（extended family）逐漸增加；（2）儒家思想漸滲入精英階層的價值中。由於擴展家庭有利精英階層維持政治社會中的優勢，而儒家孝道又有利凝聚擴展家庭，相互影響下漸漸強化士人生活中的儒教化。Henry Rosemont, Jr. 和 Roger T. Ames（2009：5-49）則不同意納普的意見，他們同意中國歷史文化中，孝道表現出專制和壓迫性，但這只是對孝道的錯誤理解，儒家人倫是有階級性，但不代表它就是順從威權和壓迫性關係。家庭是人格培育的起點，儒家人倫要求各人於相互情感的家庭關係中實現各人應有的角色，去關心家庭的成員的需要，以達致最有意義和效益的關係。

傳教士明恩溥（Arthur Henderson Smith）於1872年受美國公理會派遣來中國傳教，在中國生活了五十四年，熟悉下層人民生活，他寫的《中國人的素質》受到魯迅大力推薦，在書中，明恩溥（2002：175-176）對傳統孝道的一些批評依然值得反思。他指出民間只強調子女對父母的孝順，卻少提及父母對子女的義務。孝道將妻子置於卑賤的地位，不單要求兒子要順從父母，也要求其妻子如此，並且當父子關係與夫妻關係有衝

突時，往往將父子關係凌駕於夫妻關係之上。另外，孝道強調必須以兒子為後嗣，可能成為一系列弊病的根源，不單導致女性地位極低落，偶然甚至有溺死女嬰的不幸事情發生。孝道強調子嗣亦可說是多妾及其引申很多家庭糾紛的根源，強調子嗣亦使不少父母不考慮養活孩子的能力，都必須生育，導致人口泛濫、早婚早育、加倍貧困的情況。直至今天，我們偶然認識一些家中有六、七、八、九兄弟姊妹的家庭，原因大多就是因為之前一直都是生女，為要追兒子不惜代價，有的甚至因而導致家庭倍受貧困煎熬，甚或要放棄部分女兒給別人作養女或童養媳。

我們不用否認孝道於歷史中實有被利用作維護某一種政治制度或家族和個人利益的可能，但如果單單認為古人只視孝道為維護制度和利益的工具，則忽略了一些孝感動天的故事。那不單反映當時天人感應的觀念，亦反映古人視孝道為天道的想法。儒家強調孝道，因它仍發自人內心的真誠道德情感。例如王弼主張「自然親愛為孝」(《論語釋疑·學而》)；梁漱溟（2005：72）亦視孝為一自然的情感，父慈子孝乃一「自然互有應盡之義」；徐復觀（2004：135）認為如果一個人對父母之愛也混沌過去，毫無自覺，仁德的根苗亦因而枯萎，只會視社會如鬥爭的場地，而不會視之為和諧互助的有機體。

諫諍父母

儒家思想中最有效抵制愚忠愚孝的，就是先秦儒家提出諫

諍父母的觀念。「諫」本身是「正」的意思，《周禮‧司諫》注：「諫猶正也，以道正人行。」「諫諍」即是直言指出對方過錯，規勸對方改正的意思。儒家強調「父慈子孝」，另一方面儒家亦強調要「諫諍父母」，不可以盲從父母錯誤的命令。有一天，孔子的學生曾子問他説：「順從父親的命令是否就等於孝？」孔子卻回答：「如果父母有子女可勸諫他們，則他們就不會做錯事，陷於不義。」

> 故當不義，則子不可以不爭於父，臣不可以不爭於君。故當不義則爭之，從父之令，又焉得為孝乎？（《孝經‧諫諍章第十五》）

若父母作出不義的行為時，作為子女和臣子都必須勸諫父母和君主。子女盲從不義命令，不可談得上是孝順。不過，孔子知道兒女諫諍父母不一定為人接受，所以他説：

> 事父母幾諫，見志不從，又敬不違，勞而不怨。（《論語‧里仁》）

諫諍父母態度要溫柔，看到自己心意沒有被接受，仍然恭敬不觸犯父母，雖然內心憂愁亦不生怨恨。以今天的角度看，不怨恨不抱怨，是不讓父母子女關係惡化，不激發父母的防衛機制而變得心硬。傅佩榮（2008：146）認為，父母看見子女內心憂愁，愁眉不展，説不定會因不忍而不作，這也是一方法；但現實很少這麼理想。

另《荀子‧子道篇》寫：

> 入孝出弟，人之小行也。上順下篤，人之中行也。從
> 道不從君，從義不從父，人之大行也。

對於荀子來說，在家孝敬父母，出外敬愛兄長，只是小德；對
上順從，對下厚道，是中德；順從正道而不順從君主，父母所
做的有違正義，不順從他們才是大德。荀子亦提出有三個情況
下孝子是應該不從命：

> 從命則親危，不從命則親安，孝子不從命乃衷（意思：
> 忠）。從命則親辱，不從命則親榮，孝子不從命乃義。
> 從命則禽獸，不從命則修飾；孝子不從命乃敬。故可
> 以從而不從，是不子也；未可以從而從，是不衷也。

所以儒家要求孝順父母、忠敬君主，並非要我們盲從！是否服
從亦要視乎該行為會否帶來生命危險？或使父母受辱？或違背
公義？應該做的卻不去做是不孝，但不應做卻盲從去做卻是愚
孝。

孝道有現代價值嗎？

之前對傳統孝道作了很多批評，是否代表孝道在現代社
會再沒有價值？這倒不是，事實上，經過現代反思的孝道不單
依然有價值，而且中國文化可以對世界作出特別的貢獻。孝道

源於對父母生育、照顧和教養之恩從心的感恩和回報，一個人如果對自小照顧自己、愛護自己的人都不懂得感恩，那人的人格很容易會變得自我中心，漠視身邊人的感受。懂得感恩亦是懂得去欣賞別人對你的恩惠和作出恰當的回應，感恩使人開放自己讓別人進入自我生命並建立相互關係，故此有不少哲學家（如西塞羅（Cicero）、塞內卡（Seneca）和亞當史密斯（Adam Smith）等）都認為感恩是重要的品格，是文明的基礎。不少宗教（基督教、天主教、猶太教、佛教等）都會強調感恩的重要。近年興起的正向心理學（Positive Psychology），對感恩研究特別有興趣，因心理學研究發現懂得感恩普遍有助個人的身心靈健康和心情愉快，較為樂觀和自律，較少壓力和焦慮，亦有助改善人際關係（Mc Cullough et al., 2002；Gross, R., 2009：15-38）。這些現代西方對感恩的研究和討論，都有助我們明白為何傳統中國視孝為德行的開端。當然在現今社會對孝道亦要帶思考地接受，不能再主張盲從式的愚孝。同時傳統中國太單方面講子女當盡孝，卻少講父母當以恩慈對待子女，這不平衡的關係其實是違背先秦儒家的人倫理想。接着要思考孝道是否毫無條件，完全絕對的呢？

　　唐君毅認為無論父母是否愛你、照顧你，你都當要盡孝。因為我們是父母因愛而生，故父母本性上沒有不願愛子女、照顧子女的。但現實真的有父母是不愛子女呀！唐君毅認為若有父母不愛子女，子女應當知道這不是他們的本性，並深信父母本性是愛我，且隨時可回復本性表現，故子女有義務以孝感動父母，幫父母回復本性（2005：34-35）。但筆者認為這要求

太嚴苛，父母生育子女是出於一時激情還是出於成熟負責任的愛，這本已有爭議。現代社會中偶爾會見到不少父親或母親是不負責任的，只有生，沒有育（適當的養育和教育），有些甚至因為性格問題或一己私慾而對子女造成深深傷害。對於這些子女，他們有些長期處於焦慮、恐懼和抑鬱中，根本感受不到他們來到世間是甚麼美善的事，有的甚至不能面對父母，想起父母對他們的傷害都會再次陷入抑鬱中，對這些人來說，如何要求他們向父母感恩？若對他們加諸孝道的壓力，甚至批評他們疏遠父母為不孝，根本就是在他們傷口上灑鹽，造成更大的傷害。傳統儒家一直強調舜對着常想加害他的父母和弟弟依然盡孝，我們應以舜為榜樣。無疑舜的人格非常高尚，但舜對殘忍父母的孝行是超義務的表現，而非基本義務，是聖人的表現。我們可以鼓勵別人向聖人學習，但不能勉強，亦不應對那些深受家庭創傷的人加諸道德指責，否則孝道只會變成壓迫性教條，失去它道德的力量。

12

老年人是權威？抑或是社會問題？
——老年人於現代家庭

　　全球在核心家庭擴大的情況下，人口老化、老人問題變成很嚴重的問題，老年人的境況越來越差。老年人處於孤獨、與世隔絕的環境中，容易有情緒問題。身體多病，但得不到適切照顧，起居飲食都可能出現困難，老年人容易成為罪犯的對象，欺騙、搶劫、毆打或殺害較易發生於老年人中。日本社會學家藤田孝典（2016）提出「下流老人」的新觀念，意指即使年輕時年薪於中產階級以上，晚年也可能成為「又窮又老又孤獨」的「下流老人」。隨啃老族、少子化的崛起，人們已慢慢失去依靠子女照顧的選項；就算有孩子，子女可能連自己都養不起，若有離婚或腦退化症情況就更堪虞。

　　傳統中國基於孝道主張雙向扶養，即同時要照顧家中的長者及兒童，出生時依賴家庭照顧，成人後照顧家人，年老時依賴家庭照顧。但西方社會卻因為傳統家庭日漸瓦解，漸變為只撫育後代的單向扶養，將贍養老年人的責任交給政府福利政策。將贍養老年人的責任交給政府的好處是減輕中年人的負擔，讓他們有更大的發展空間，不論子女的能力，所有老人都可得相應的照顧。但壞處是令家庭關係較淡薄，老年人晚年較

孤獨，始終老年人日常生活很多方面亦需要有人照顧，照顧老人的責任感減輕了，對老年人比以往較少尊重，個人利益看得高於家庭利益。

人類學家閻雲翔（2006：193-208）在觀察現今中國村莊的孝道情況時，發覺很多長者都抱怨得不到兒子應有尊重，甚至孫子嫌棄她有體味而不讓她一起上桌吃飯；而作為成年兒女雖依然認為應贍養父母，但已不認為父母生育自己是一份偉大恩情，兒女須終生報答。因為他們認為孩子出生是沒得選擇，一旦生下孩子就有責任要養，他們自己亦要養自己的兒女；亦有抱怨父母沒有幫子女風光地結婚，或抱怨父母對子女偏心，對自己不好，故減少對父母的贍養。隨着市場經濟發展，社會越來越個人化，傳統孝道和父母權威已漸漸衰落，閻雲翔稱這現象為「父母身份的非神聖化」（demystification of parenthood）。事實上，老人對自己的看法亦傾向負面，很多時覺得自己無用、只等待死亡的來臨、因健康問題需要別人幫助、對生活持無奈的態度（周永新，1991）。

事實上，由於現今的年輕人大多受高等教育，知識不再依賴父母，父母權威日漸失落；年老父母若有病痛甚至需要被照顧，地位就更顯低落。不過，這不一定代表孝道衰落。首先，無論中港台，於現代化中期雖然核心家庭越來越多（七十、八十年代），但依然有一定數目的主幹家庭（或稱三代及以上直系家庭，即與老年父母同住）。在中國大陸，1982-2010年有約17%是主幹家庭（王躍生，2013：71）；在香港，2011年與父母同住的子女約3.5%；在台灣，1988-2005年平均有六成以上

老人是與子女同住（薛承泰，2008：53）。當然子女與老年父母同住不一定單純出於孝順，亦可能有實際生活的考慮，但相比西方這絕對是罕見現象。就算不與父母同住，很多子女婚後住的地方仍與父母鄰近，方便彼此照顧。根據香港政府統計處（2013：204-206）調查顯示，三十五歲及以上人士約80%同意子女有責任供養父母，並且在男女平等的社會下，奉養責任由傳統只靠兒子到現代是由兒女共同負擔（蕭新煌，1991）。基本上社會結構雖有很大變遷，但很多中國人依然持守傳統家庭價值和孝道（丁國輝、趙永佳，2014：3）。

隨着出生率下降，長者平均壽命延長、人口老化，與父母同住的人又越來越少，導致獨居長者越來越多。香港六十五歲及以上人士單人住戶比例，由1986年25.4%升至2011年29.5%（尹寶珊、羅榮健，2014：17）。中國大陸城市，六十五歲及以上單獨居住方式比例由1982年至2010年維持約11%；但主幹家庭由60.07%降至41.45%（王躍生，2014：73）。由此可見，照顧老年人漸成為社會問題，甚至是全球現代化國家將要面對的問題，單靠家人力量未必足夠，政府於安老服務和醫療方面的角色越來越重要（丁國輝、趙永佳，2014）。其實傳統對孝道的重視令中國歷朝都十分重視養老制度，養老制度始於周朝，當時若家有九十歲以上的長者，全家便可免徭役。到了漢代，有賜「鳩杖」的制度，更嚴格規定不贍養老人者必於鬧市執行死刑。南北朝時期創建了養老機構「孤獨園」，以照顧孤寡老人。唐代到清代，繼承了前代的養老制度，不單完善了養老院，在法律上更獎罰並行。而現行香港政府的安老政策強調

「原居安老」、「家居照顧」和「社區照顧」，安老服務亦包括社會保障、社會服務、院舍服務和醫療服務四大類別（關鋭煊，1991：362-364；尹寶珊、羅榮健，2014：29）。

　　不過，政府始終只可扮演輔助角色，不可以完全取代家庭功能；尤其是長期病患或較嚴重疾病的情況，政府無法完全取代家庭擔起照顧者的角色，不單精神方面不能取代，起居飲食的照顧亦不能完全取代。中國傳統比較重視孝道，對長者比較敬重，現代核心家庭很多仍與年老父母一起住，或住在鄰近，分而不離。長者能否得到兒女適切的照顧，還要考慮子女的承擔能力、長者與子女關係是否融洽及長者健康狀況（馬麗莊、尹寶珊，2014：68-88），尤其一些較嚴重的長期病患者或患有嚴重精神情緒問題的長者，都需要經常貼身照顧。養老院舍可提供的醫療設施和專業護理確非一般家庭可提供，照顧期間所受到的壓力亦非一般家庭成員可以承受得來，難怪香港一直有聲音認為政府所提供的院舍護理服務非常不足。

13

生兒育女是福氣？還是負擔？

——探討傳統中國的生育觀的歷史因素及現代化的影響

很多傳統中國人視性為禁忌，特別是上一代都不會把性宣之於口，但原來古人一向視性與生育為自然秩序，人本性的一部分。最出名的一句說話是告子在《孟子・告子上》中說：「食色性也。」食慾和性慾都是人之本性。告子是其中一位與孟子對話的人，這說話反映當時人一般的看法。另外《禮記・禮運》中亦說：「飲食男女，人之大欲存焉。」可見古人認為食慾和性慾是人性的兩大基本慾望，尤其是性慾，更是生化萬物的基本動力。所以《易經・繫辭下》中說：

> 天地絪縕，萬物化醇，男女構精，萬物化生。

天地間陰陽二氣交互和合，天地萬物變得更精醇，兩性之精交合，以致生化萬物：

> 天地合而萬物生，陰陽接而變化起。（《荀子・禮論》）
> 天地合氣，萬物自生。（《論衡・自然》）
> 人承天地施陰陽，故設嫁娶之禮者，重人倫、廣繼嗣

也。(《白虎通・嫁娶》)

以上古文都是基於《易經》,反映古人認為從大自然可看到,不單是人類,甚至萬物都是透過陰陽交合而產生,並視婚姻為承繼天地創造的秩序。

事實上,中國傳統家庭一向都很重視生兒育女,所以我們常聽到孟子所說:「不孝有三,無後為大。」「後代」是傳統婚姻穩定的重要因素,其實在現今社會都是,從統計數字可見,有子女的夫婦離婚數字較沒有子女的低(許琪、於健寧、邱澤奇,2013)。很多現代人認為沒有後代的婚姻就算離婚都無所謂,如果有後代便不一樣,因為多了一份責任。尤其對很多母親來說,由於愛子心切,即使配偶如何差,都會有較大的動力去忍讓、維護和挽救婚姻,讓下一代在較「完整」的家庭成長。很多人會視沒有後代的婚姻為不圓滿,亦是古時成為納妾的合理理由。這個對於女性來說其實有點無辜,因為「無後」不一定跟女性有關,可能是由於男性不育,但因從前的科技無法分辨,再加上男尊女卑,所以容易把責任歸咎於女性。即使有子女,亦會擔心中途夭折,多子多福的觀念就是如此由來。

歷史中最出名多後裔的,是唐朝有一位享年九十九歲名叫張公藝的男子。其家族九世同居,即九代同堂,合家總共九百多人,團聚一起,和睦相處,是歷史上治家有方的典範。因此唐高宗慕名而來,扮作道人到張公藝家過訪,問張公藝如何能九世同居。公藝答:「老夫自幼接受家訓,慈愛寬仁,無殊能,僅誠意待人,一『忍』字而已。」他還寫了有名的〈百忍

歌〉。公藝説：「我家不僅人義氣，狗也與別家不同。」他家養了過百隻狗都嚴守紀律，缺一不食。「道人」很驚奇，想當面試試他當家本領，送給他兩個梨子，看他如何處理？公藝結果將它打成梨水，然後與家人一起分享。

為何中國傳統家庭如此重視生育？綜合趙文琛（2001）和其他學者分析，有文化因素，亦有經濟和政治因素：

（1）小農經濟：小農生產方式使中國人特別重視生育。在農業社會，男性是主要的生產力。《説文解字》中「男」的意思是「從田從力，言男用力於田也」。古人對男性的定義就是從事體力勞動、落田耕種的人；越多男孩便越多勞動力，尤其某些重體力的勞動有時非男不行，所以從前的生產經濟環境形成「男耕女織」、「男主外，女主內」、「多子多福」等傳統觀念。因而亦會鼓勵早婚早育，反正最終都是成為農夫，所以早結婚早生育，所謂「人多好辦事」，多兒子的確會幫助家庭的生產力，甚至可以開墾新土地，壯大家族聲勢和生產力。所以「五世同堂」、「人丁兩旺」、「兒孫滿堂」都是家庭幸福的標誌。

（2）養兒防老：傳統社會並沒有社會福利、退休制度等，女兒又嫁到別家，可能到了另一條村生活，老來就唯有靠兒子贍養，如果只生一個兒子，又擔心他不孝順或早逝就老來無依；由於心理缺乏安全感，就覺得多生兒子，更有生活保障（辜勝阻，1986）。

（3）發展家族：中國傳統強調延續家族發展，傳宗接代。在強調血緣的宗法制之下，只有生男孩子才能延續家族發展。而婚姻的意義都是為祭祖宗、續香火、承先啟後、發展家族，

這些都是強化要生男孩的觀念，而且不單要延續家族，還要壯大家族。在傳統社會，家庭就是國家組成的基本獨立單位，家庭為成員提供保護、教育、福利和一切生活所需，越多人，香火鼎盛，家庭經濟實力和勢力越強大，社會地位亦越有保障。人多勢眾，面對鄉民間爭端或糾紛就越有自衛能力，甚至其他人亦要忌他們幾分（朱國宏，1992）。故此，古時很多祝福的說話均反映古人認為金錢與兒子是家庭幸福的象徵：

> 君子有孝子，孝子不匱，永錫爾類……永錫祚胤。
> （《詩經・大雅・既醉》）

再加上《孟子》所說：「不孝有三，無後為大。」其實孟子原本意思是想替舜「不告知父母而娶」辯護，孟子解釋舜就是因怕「無後為大」，所以才不告而娶。之後「不孝有三，無後為大」成為大眾平民的格言，深入民心。費孝通（1998：109）甚至稱傳統婚姻家庭為「生育制度」，他指出人類如果單為滿足性慾是無需要婚姻家庭制度的，事實上婚姻家庭制度反而是限制了人的性慾。人由於不容易個別地於大自然生存，於是他需要依靠群體；「若是種族綿續是人類個體生存所必需的條件，為維持個體生存計，必得另外設法保障種族的綿續了。於是我們看見有不少文化手段在這上邊發生出來，總稱之作生育制度。」

　　（4）民間迷信思想：生育除了是為了延續家族及人類發展，亦與當時重視民間祖宗崇拜有關。昔日中國家庭很重視祖宗崇拜，人的生命在子孫身上得到延續，通過後代對先祖的祭祀，祖先的靈魂才可以在家中得到安息，血脈代代相連，就有

如先人的靈魂一直在家保佑着家人一樣。他們又相信：無人祭祀的人死後會成為孤魂野鬼，在地下也不得安寧，處境悲慘。所以一代代祖先的牌位存放於宗祠之中，香火不滅，這就是一般平民的信仰和精神寄託。

（5）**統治階級的考慮**：對傳統社會的統治者來說，人口是勞役、賦稅、兵役的來源。人口越多，國力和戰鬥力都越強。再加上戰爭時會死去很多士兵，死的大多都是男性。生產勞動、保家衛國都主要靠人力，尤其是男丁，因此統治者很多都推行鼓勵生育政策。舉例以前的稅制都是按人口徵稅的，清朝康熙五十一年實行「滋生人丁，永不加賦」政策，即之後新生的都不用交稅；雍正元年又實行了「攤丁入畝」，即將人丁稅攤派入田賦中一併徵收，轉為由地主交稅，而非向農民收稅。結果使人口不斷增長，田地漸漸開墾，耕地逐漸增多，生產得到了發展。

（6）**現實上的困境**：傳統中國家庭模式理想就是三代同堂，即由祖父孫三代男性子嗣及其配偶和未出嫁女組成。但古時社會的生產力低下，加之統治階級的壓榨，農民生活困苦，養家餬口困難。當時很多人只是佃農，即向地主租田地耕種，又要交稅和田租，最後佃農所出的只餘下約十分一給自家使用，貧窮使家庭人口難以增長。甚至大部分家庭無法養活家中眾多的人口，生活條件差，嬰兒死亡率很高，人均壽命很短。加上昔日社會戰爭、饑荒、瘟疫不斷，使人口不時遞減。由於生出的兒女都不能確定能否長大，就更希望可以多生。根據中國經濟史學家梁方仲的文獻統計，中國傳統家庭普遍人數其實

只為四至六人，所以孟子所説：「八口之家」其實只是理想，實際上不足十分之一的地主富人才可以擁有大家庭，而絕大部分窮人都是小家庭。多子多福的調子唱了幾千年，人口總數卻起落不定，人口規模也不大。據文獻記載，自西漢至明代，中國人口大多數朝代都始終在五千萬上下浮動，一直到清朝才有較快增長，到乾隆後期人口就增長至三億以上（張懷承，1988：280-283）。

現代社會生育觀

現代社會人們生育率大大減少，一般只生一、兩個。很多人不明白今天物質條件這麼好，為甚麼覺得多生孩子是困難？以前的人可以生這麼多都無問題，反正天生天養。以前農業社會，對下一代培育要求不多，只要有足夠米飯養大孩子，有錢的話可讓孩子讀點書，沒錢不讀也無妨，反正長大了都是耕田，尤其是女兒，長大了就嫁人。孩子如果能健康成長到六、七歲甚至已可幫忙家務，照顧弟妹，十多歲已可下田工作，可以説養育成本很低。但在現代社會，為人父母不單要養大孩子，還要提供教育，悉心栽培，一般要二十歲才能開始工作，生得越多，養育成本越高（趙文琛，2001）。

經濟學家貝克（Gary Becker）在他〈生育率的經濟分析〉及《家庭論》（*A Treatise on the Family*）的第五章中以經濟成本決策去解釋人類生育行為，他認為父母生子女多少是基於理性消費的計算。對父母來説孩子是一「耐用品」"a durable

consumption and production good "（Becker, 1960：210），他們對
父母可帶來多方面效益：（1）情感滿足；（2）長大後勞動帶來
經濟效益；（3）養老；（4）繼承家產維繫家庭地位；（5）發展
家族。但養育孩子亦需要成本，尤其是母親哺育照料孩子的成
本。在傳統社會裏，養育孩子的投資成本不高，多生孩子可以
更多效益；但在現代社會，女性外出工作並且教育程度提高，
使養育子女所耗費育兒時間的機會成本越來越高，再加上現在
嬰兒死亡率下降和避孕知識普及，都使在孩子身上投資大大提
高，經濟發展亦使父母更重視投資於孩子的質量而減少數量，
以致現代社會生育率大幅下降。

很多非經濟學家都不能接受以經濟學模型去解釋生育決
定，將孩子視為耐用品對很多人來說尤其難以接受，尤其收入
越高就越生得少的說法，顯得富裕經濟中的孩子好像只是低劣
貨品。有些女性主義經濟學家批評貝克的模式太簡化，女性並
非收入越高就越少生育，因她們可以以工資請其他人負責部分
育兒的功能，並提出不同的改良的經濟模式去解釋生育決定。[1]
筆者亦同意經濟並非生育的唯一考慮，例如在中國大陸，一孩
政策就比經濟發展更大影響父母生育的數目（巴溥德，1991：
93-128）。李銀河和陳俊傑（1993）的調查亦顯示，不少農民生
育後總計效益根本是虧本的，但他們依然有強烈的生育慾望，
這並非經濟效益可以解釋。那些農民根深柢固受到家本位意識

1　有關其他女性主義經濟學家提出不同經濟模式去解釋生育決定，可
　　參考 Macunovich（2003：105-124）。

97

影響，就是前文所説「家庭為本」、「發展家族」的意識。在家庭面前，個人享樂都是微不足道的，一代代人都是為家庭、為後代而犧牲自己的利益。

　　其實經濟學者並不否認親子間有愛與責任，他們只是將這些元素抽離，集中分析經濟元素對生育的影響。貝克的貢獻在於帶出經濟確是生育決策的其中一個重要因素，亦可大致解釋了現代化社會為甚麼生育率偏低的情況。但就算父母生育時真的考慮經濟效益，也並非單單出於父母自己的利益作考量，亦同時是考慮孩子出生時，家庭可提供的經濟環境和孩子的利益。如果經濟不十分富裕，生得越多的確會影響子女的資源分配和成長環境，很多現代父母正因為考慮兒女的成長環境而決定少生，而非因為自己的利益和享樂。正如趙文琛（2001：72）説：「傳統生育文化重點在於生，而現代生育文化關鍵在於育。」

14

中國人為甚麼特別重視教育？
——中國人的家庭教育

　　古人認為「食色性也」，儒家不會否定食慾和性慾為人性的一部分，但亦不會認為是人性重要部分。與今天主張性解放的思想很不同，性解放思想認為性慾是人性很重要的部分，否定性慾滿足就是壓抑人性。儒家不否定性慾是人性和大自然秩序的一部分，但強調不可忽略人的道德性，儒家的一個重要特色就是強調人禽之辨。故當告子説：「食色性也」，孟子便批評告子説：「然則犬之性，猶牛之性；牛之性，猶人之性與？」（《孟子‧告子上》）若只單單看重食慾和性慾，豈不把人與禽獸等同？而孟子討論人性時，強調人禽之辨在於人有性善，故説：「人之所以異於禽獸者幾希，庶民去之，君子存之。」（《孟子‧離婁下》）他強調人禽之間的分別確很少，一般人容易忽略它，但君子便會好好保存和培育它。培育甚麼呢？

　　君子所性，仁義禮智根於心。（《孟子‧盡心上》）

　　無惻隱之心，非人也；無羞惡之心，非人也；無辭讓之心，非人也；無是非之心，非人也。惻隱之心，仁之端也；羞惡之心，義之端也；辭讓之心，禮之端

也；是非之心，智之端也。(《孟子‧公孫丑上》)

君子所重視的是仁義禮智，人的道德品格和良心。惻隱之心、羞惡之心、辭讓之心、是非之心就是仁義禮智的源頭，孟子稱之為「善端」，透過教育慢慢發展成為仁義禮智四德，才合乎人性要求。所以傳統中國的學者所主張的不是性禁忌，但亦不是性解放，而是認為人的一切慾望都需要有道德規範，才能最恰當地表達人性的一面，否則人與禽獸沒有分別。是故儒家特別強調德性培育，尤其重視家庭對於孩子品格成長培養的角色，故《孟子‧離婁上》說：「道在爾而求諸遠；事在易而求諸難。人人親其親，長其長，而天下平。」正如哲學家 Philip J. Ivanhoe（2000：22）所說，人要發展善端，過程需要某種適當的環境，就如人天生有語言潛能，但要發展語言能力需要某種良好環境，就是關愛的家庭和社會的交流。如果不知道家庭中愛和被愛是甚麼，亦不能發展道德情感，如果沒有對所屬社會有深刻和持久的關注，就不能愛和關心自己的家庭。所以對儒家來說，德性培育是離不開好的家庭和社會環境。

《詩經》中提到的「弄璋之喜」及「弄瓦之喜」，反映中國人春秋之前已強調子女自出生就要教育性別觀念：

乃生男子，載寢之床，載衣之裳，載弄之璋。

乃生女子，載寢之地，載衣之裼，載弄之瓦。
（《詩經‧小雅‧斯干》）

生的是男孩便讓他睡在床上，拿着玉石玩；生的是女孩便讓她

睡在地上，玩紡具。讓女孩生下來就弄紡具，是希望她日後能紡紗織布，操持家務；有學者指春秋戰國前男女觀念較平等，但亦會看出對待男女是有分別，自小已培訓他們「男主外、女主內」的性別意識，這亦反映早在《詩經》時代，重男輕女已經成為一種風氣。

《禮記‧內則》更詳細地談兒童教育。古人要求幼兒會自己吃飯了就要教他使用右手，由於中國人是在圓桌上吃飯，若有人右手拿筷子，有人用左手就容易相撞。幼兒會說話就要教他們學習回答，男孩答「唯」（是），女孩答「俞」（是）。男孩錢包以皮革製成，表示長大從事勇武之事；女孩錢包以絲帛製成，表示長大將從事女功。到六歲要教數學、辨認東南西北。七歲開始教男女有別，男女不同席吃飯。八歲開始教他們出入或入席懂得敬讓長者。到了九歲教他們知道以月亮判斷日子和用干支記日。十歲是關鍵時期，男孩要離家跟外邊老師學習和住宿，學習識字和算術；不容許帛做的衣褲，以防止奢侈之心。早晚學習進退禮節，勤習簡策，以誠待人。到了十三歲，開始學習樂器，誦讀詩歌，學習舞《勺》。十五歲要學習舞《象》、射箭和駕車。二十歲舉行加冠禮，即男子成人之禮，要開始學習五禮。這時候就可以穿皮衣或帛製之衣，學《大夏》之舞。要篤行孝悌，廣泛地學習各種知識，努力積累德行，到了三十歲娶妻成家，開始受田服役，要廣泛討教，與志尚遠大者交往。女孩子到十歲必須留在家裏由女師教她們四德；還要學習預備祭祀活動，傳遞酒漿、籩豆、菹醢等祭品祭器，按照禮節規定幫助長者安放祭品。到了十五歲，舉行笄禮，即女子

成年禮。二十歲可以出嫁；如有特殊原因（因父親離世要守喪三年）方可推遲到二十三歲才嫁。

歸納來說，以今天角度，無論男女，自幼年至九歲，都要教懂基本起居飲食、自理能力、基本知識、男女之別、對長輩基本禮儀，即基本社會規範及價值觀。到十歲男女要分開教育，進一步強化男女之別。男的要多出外學習社交技巧和禮節，主要內容是儒家重視的六藝：禮、樂、射、御（駕駛馬車）、書、數。直到了三十才完成，並成家立室。女的要留在家中學習四德，直至二十嫁人。由此可見，古人對成長過程和教育很有規範，並且於身、心靈、心智的訓練都受到重視，可謂全人的教育。

今天的人可能會認為以上的教導非常拘束，但在古時這是富有人家中才會有這樣規範的教育，一般農民根本就缺乏教育機會。男女之別的教導一方面區別兩性於社會角色不同，另一方面強調男女授受不親，減少兩性交往。其實這不單是中國，世界其他古代社會文化亦有類似情況，把兩性區別開來，或按性別屬性來穿衣、梳妝及教育，以免兩性角色混淆。但為甚麼傳統社會自小就如此強調男女授受不親？許烺光（2001：206）觀察喜洲鎮兩性間表現出性別疏遠的現象，他認為這一方面是為表現男女之間的不平等；另一方面，它要消除男女之間的性愛表示。這兩方面都旨在貶低夫妻關係，從而加強父子關係，以延續父系家族。但筆者對許烺光的分析有所保留。

傳統社會確是父權社會、男女不平等，但男女之別的目的是否純粹為要維護父權制？事實上，伊沛霞（2004：39, 62-63）

觀察到在中國宋朝社會裏，社會階層越高，往往越會把女人藏起來，一般平民兩性間相處區別反而較小；是否代表富貴人家更加看不起女性？那倒不是，事實上，文獻顯示，宋朝父母大多特別寵愛女兒，甚至往往會憂心能否為女兒找到才幹的女婿？能否保障她們婚後的生活？費孝通（1998：46）認為傳統社會所追求的就是穩定，它們對男女作出安排，是為使他們不會發生激動性的感情。筆者認為費孝通所説的更為有理，傳統中國的家長一向都覺得子女年幼，入世未深，不太相信子女的判斷，擔心她們被激情沖昏頭腦，亂搞男女關係，又擔心她們受騙受傷害，社會階層越高就會擔心她們行差踏錯，被流氓輕薄或侵犯，萬一未婚懷孕，而男方又是「渣男」，最終受害的都可能是女兒自己，亦影響家聲。

由此可見，對中國人來説，「生兒育女」講的不單只是生殖及養育，亦包含教育。所以《三字經》中説：「養不教，父之過」，中國人很容易認為若子女表現不好，都是父母的責任。基於「修身、齊家、治國、平天下」思想中強調「齊家」，中國傳統亦特別強調家庭教育。除了品格培育和自理能力，中國人亦很期望子女的學業成就可光宗耀祖。有研究顯示，中國人父母比美國人父母更重視兒女的學業成就，很關心兒女功課表現，甚至會親自指導，以致中國人兒女在學業上，尤其是數學方面都有較優秀表現（Chen & Uttal, 1988）。

現代人大多都有機會受教育，現代社會都認為應按兒童在不同的年齡階段的需要而培養兒童，而且更多時着重知性的培養，這當然反映社會環境和文化的轉變，即由農業社會轉變成

今天以金融和工商業為主的知識型社會。雖然時代轉變，但中國人對子女教育的重視依然不變，甚至是有過之而無不及。上課放學後還要補習、學琴和做功課，每天都忙個不停，母親為兒女的功課每天都像與兒女搏鬥般，有人說：「無論原本是多麼溫柔的女性，當跟進子女功課時都變得像暴龍！」這反映子女在中國家庭中的地位非常重要，雖然傳統中國強調敬老，但當有兒童的時候，大家的關注都會是兒童的成長，一方面出於對兒女未來福祉的關注，另一方面亦因為他們可以為家族做到承先啟後的作用，即「上以事宗廟，而下以繼後世也」。

15

為甚麼中國人特別多「怪獸家長」?

——望子成龍的心態

中國家庭一向重視教育,一個人並非一出生便可以獨立,承擔起家庭責任。相對於其他動物,人需要更長的時間受到照顧,就算昔日的農村社會一般都需要養育至十五至二十一歲才能較為獨立;在今天更是如此,很多都要讀書到二十一歲才能出外工作,卻仍未能完全獨立,這段時間仍是要依賴家長。父母不單要提供身體需要的營養,還要培訓子女的品格、社會知識和技能,人出生由生物性發展到社會性都需要精心照料,所以家庭就承擔起培養下一代、穩定社會發展的責任,一代代父母就辛勤培育一代代子女,從而亦建立起父母子女之間的親子之情,亦將生活和未來的希望寄託在子女身上。

事實上,在傳統中國家庭裏,親子關係比夫妻關係更重要,被視為家庭核心。所以當子女長大,不再需要父母照顧,不少父母進入空巢期時,會突然變得迷失。直至找到新的生活意義,或子女再有下一代,可以弄孫為樂。傳統家庭視子女為自己生命的延續,希望子女實現自己未能實現的追求,以至可以光宗耀祖,於是父母都很重視對子女的培養和教育,望子成龍。父母對子女的期望,有時甚至可在子女的名字中反映出

來。一般人花心思培育子女，都是希望他們日後生活能過得比自己更好，今天不少人考慮移民，其實都是為了下一代，希望他們能有較好的發展和生活環境。就算是家中的外籍女傭，離鄉別井到異地工作，很多都是為家人為子女的未來。正如費孝通（1998：202-203）所說：「在父母的眼中，孩子常是自我的一部分……子女是他理想自我再來一次的機會。」很多批評者認為，這是反映父母將子女當為自己的私有財產。這些批評並非全無根據，有小部分哲學家如亞里士多德（Aristotle）和當代哲學家Jan Narveson都真的視兒女為私有財產，但支持這觀點的只是少數，在中國傳統中更未聽聞。筆者較認同張懷承（1988：229）所說，這很可能是出於父母將子女視為自己生命一部分，因而痛癢相關，榮辱與共。古人雖一直說「養兒防老」，但最終子女是否真能回報父母也未可知道，「防老」往往亦非養兒的主要關注。如費孝通（1998：66）所說，生兒育女可說是「損己利人」的工作：「一個人擔負一個胚胎培養到成人的責任，除了精神上的安慰外，物質上有甚麼好處呢？……但是為經濟打算而生男育女，至少是一件打算得不大精到的虧本生意。」

幼年子女對父母完全的依賴，往往使父母產生強烈的疼愛之情，甚至自我犧牲。所以古人有說「身體髮膚，受之父母」（《孝經》）、「父子一體，天性自然」（《後漢書・王常傳》）；尤其對很多母親來說，子女可能比自己更重要；而作為父母，很多時亦會因為子女的成就而感到高興和自豪。筆者常問學生，有多少人真的會為朋友的成就自豪，就算你最好的朋友，如果你考試不合格，朋友拿A+，你會否真心為他高興呢？很

多都不會吧？！心裏更可能是希望他與你一樣不合格，感覺上有些安慰。但父母子女就不同，很少父母會妒忌子女比自己更有成就；就算父母讀書不好，亦會希望子女成績超卓，並引以為榮。就算明明知道受點苦對個人成長有利，但很少父母會希望子女比自己受到更多苦。這反映傳統中國家庭中，父母子女關係的連續性，難以分清你我之別。不似西方家庭，子女十八歲便要求他們獨立外出發展。對於中國父母，子女即使三十、四十歲都看似未長大一樣。但對子女過分保護的確亦不利他們獨立自理能力的發展，有些父母甚至會對學校提出很多不合理要求，因而被批評為「怪獸家長」。

唯有讀書高

> 凡為父兄的，莫不愛其子弟；凡愛子弟的，莫不願其讀書進取。（《憲成家訓·示淳兒帖》）

> 天子重英豪，文章教爾曹（你們）；萬般皆下品，惟有讀書高。少小須勤學，文章可立身；滿朝朱紫貴，盡是讀書人。（《神童詩》）

中國傳統社會一向都以讀書做官為人生最高目標。為甚麼讀書才是最好？因為讀書既可立身，最重要日後可當官。孔子很可能是人類文化中最早主張普及教育的聖賢，他主張「有教無類」、「學而優則仕」，這對傳統中國影響深遠。以讀書做官為人生目標，其實亦與中國選拔官吏制度發展有關。先秦時

期的官吏選拔是世襲制。漢武帝採用董仲舒主張「罷黜百家，獨尊儒術」，要做官便要讀儒家經典，又推行察舉制，即由地方長官考察人才，以後予以薦舉，選拔官吏。及後隋唐的科舉制，選拔的條件都需要候選人熟讀儒家經典。但由於資源限制，古時未有紙和印刷術，書本是很貴重的，都是用手抄寫在竹簡或者木牘上，而且寫字很少，幾部書就裝滿了整部車子，所以才會說：「學富五車」。由於一般平民根本負擔不起買書的費用，故此能讀書而當官者多為世家大族和門閥。直至宋朝，由於之前唐末五代百多年軍閥亂政，改朝換代此起彼落，戰禍連年，宋太祖決定重文輕武，加上印刷術發展，人民無論出身於甚麼門閥，都可透過讀書而當官。加上秦漢以來都是重農抑商，商人遭到鄙視，故商人們也多願意供養兒子讀書，期望他日可以當官。所以說：「十年寒窗無人問，一舉成名天下知。」（《琵琶記‧蔡公逼試》）又有農民的孩子匡衡鑿壁偷光的故事，今天更有「知識改變命運」的講法。傳統父母重視兒女教育最出名的有「孟母三遷」和「孟母斷機」的故事。

　　孟子三歲時父親已離世，孟母守節沒有改嫁。他們原本住在墓地旁邊，孟母見孟子和鄰居小孩一起玩起辦理喪事的遊戲，孟母認為不能讓孩子住在這裏了！於是就帶着孟子搬到市集旁居住。可是孟子又和鄰居小孩學起商人做生意，孟母又不滿意而離開市集，搬到靠近殺豬宰羊的地方去住，然而孟子又學起買賣屠宰豬羊，孟母又搬家了。這次搬到了學校附近。每月夏曆初一，官員到文廟行禮跪拜，互相禮貌相待，孟子都學習記住。孟子的媽媽就很滿意地說：「這才是我兒子應該住

的地方！」由墓地到市集，再到屠房，之後到學堂附近，除了居住環境改變，其實工作生活環境都改變，要重新適應當地文化。古時生活艱難，孟母這一單親家庭當日的決定不比今天我們決定是否移民來得容易，可見孟母為兒子的教育下了多大決心，而孟子日後亦成為一位大儒。

「孟母斷機」故事是指有一天，孟子因不願學習，逃學回家。孟母正在機房織布，見到他逃學回家，便立刻拿起剪刀，把織布機上正在編織的布剪斷了，並且對孟子說：「你荒廢學業，與我中途剪斷織布有何分別？」並且說：「君子學習可建立名聲，以致可安居遠離禍害，荒廢了學業將來就難免做卑賤、勞役工作，沒有道德修養，日後將成盜賊和僕役。」

孟母故事反映多方面的中國傳統精神：傳統中國人很重視教育，都希望兒子將來可以成材，出人頭地。傳統中國人很早就認識到社會環境對兒子學識和品格有深遠影響，用今天社會科學的說話，孟母很早就認識到社教化（Socialization）和社會學習理論（Social Learning Theory）。另外，「孟母斷機」故事中，孟母是用比喻，即類比論證的方式去啟發孟子，用今天的說話亦算是一種經驗學習（Experiential Learning），可見孟母自身就是極有學識和思想的人，對孟子日後發展有很大幫助。儘管現代社會很多專業知識都交了給學校和老師教授，但於立身處世、待人接物、情感表達和道德價值方面，家庭於社教化方面的角色仍是不可取代的。有心理學調查反映，家長的學識和社經地位將會很大程度影響子女成長所受到的教導和成就（張妙清、鄒羅端華、林孟秋，1991；楊國樞，1991）。孟母為

兒子將來的發展，不惜付出代價，甚至犧牲自己，將一生的寄望都放在兒子身上。但另一方面看，孟母一心希望兒子讀書當官，出人頭地，但從沒有問兒子是否喜歡讀書！

望子成龍在今天情況甚至是有過之而無不及，不少父母為兒女可進入名校而搬到名校區；幼兒園早在幼兒一歲多時已考核，不少父母自兒女一歲起已讓他們參與面試班、Playgroup等，望子成龍的觀念雖強化父母承擔教育子女的道德責任，但太強調亦有弊端，有時父母對子女期望可能過高，管束太嚴。今天的孩子讀書壓力大，有校長表示現今小學課程越教越深，其實都是由於家長的壓力，再加上父母對子女的壓力，令兒童、青少年多了很多情緒問題。

為使子女實現自己的期望，家長有時會忽視了子女自己的興趣、才幹和夢想。曾認識一些家長，因不想子女成為時裝設計師，竟然不讓他學習畫畫。其實畫畫有助培育創意思考，日後亦不一定會做設計師！有時家長太強烈希望把自己的想法加在子女身上，未必是好事，甚至可能扼殺子女某些天分的發展。當與子女發生衝突時，父母往往又會以權威強行化之，傳統父母由於受教育不多，較少懂得講道理，一般以兇惡責罵處理。很多時父母適應不到子女青少年反叛期成長的轉變，仍然以管教幼兒的方式管教青少年子女，往往形成關係上很大的張力，亦對子女構成很大的壓力。其實現今已有不少兒童及青少年教育的書籍，家長如果可以對這方面多加了解，尤其對兒童及青少年不同階段的心理發展和需要有所認識，才可為兒女提供更適切的教育。

儒家人倫與經濟發展

過去傳統中國儒家思想一直被批評為阻礙現代經濟發展，但隨着東亞經濟發展，尤其是「四小龍」和今天的中國，不少學者都認為這種「亞洲模式」有賴於儒家思想強調學習、勤奮和節制的特點。但為甚麼儒家倫理有助中國人比其他文化更勤儉？其實墨家、道家、佛家比儒家更強調勤儉，其他文化亦不會鼓勵人們懶惰、奢侈，而在儒家典籍中，強調勤儉的章節並不多，現代人亦大多沒有閱讀儒家典籍，即使有讀，一般人亦不會單單因為唸了「勤有功，戲無益」而變得勤奮。筆者漸漸發覺，儒家家庭人倫中有些元素與社會學家韋伯所講的西方基督教新教倫理相似，就是勤儉的動力都不是為滿足一己慾望（洪子雲，2019）。

過去很多人受亞當‧史密斯（Adam Smith）影響，認為勤儉和經濟發展的動力源於追求私利。但大家都知為滿足一己慾望不一定使人勤儉，亦可使人懶惰和奢侈。韋伯（2001）正指出單單為滿足一己慾望，是不能開展出資本主義，因為薪金提升後，可能使人覺得已賺足夠金錢生活而減少工作，追求滿足慾望可以使人更不勤儉。韋伯認為因為基督新教發展出一些新的神學概念，特別是召命觀（Beruf／Calling 或譯「天職」）認為神呼召每一位基督徒都透過在世間的工作和活動去事奉神，每個基督徒都希望透過艱苦工作，取得事業的成就，以證明自己是蒙神呼召的；他們賺到的錢並非為滿足一己慾望，而是為榮耀神，故此賺到金錢並沒有令他們放縱和懶惰，並且繼續辛

勤工作，使金錢累積，以致推動資本主義發展。

　　傳統中國人辛勤學習和工作亦不是單為自己，同時亦是為家庭，上一輩人更是為光宗耀祖。由於父母視子女為自己生命的延續，望子成龍的心態使父母都不辭勞苦地工作賺錢，並生活節儉，寧願花很多金錢供養子女讀書、甚至各式各樣的興趣班、補習，為的是希望他們日後事業有成、成家立室並發展家族，有不少中產父母甚至畢生節儉，儲蓄金錢為子女長大後協助他們置業。而子女自小已受父母薰陶，強調對父母孝順，年輕一代雖不一定為光宗耀祖，但亦受父母影響，勤奮讀書或工作，一方面為自己將來，另一方面亦希望取得成績以回報父母的養育之恩，使父母感到安慰，甚至有面子。筆者曾以此詢問學生，他們大部分都認同他們勤奮讀書有很大部分動力都是源於不想辜負父母期望。而子女長大成家並生育兒女後，亦像父母一樣繼續為子女辛勤工作，並為下一代成家立室節儉生活，儲蓄金錢。中國人就是如此一代又一代，父母子女之間為彼此照顧和支持而勤儉。正如梁漱溟（2005：78）說，家庭為本觀念差不多成為中國人宗教的替代品，發揮着宗教作用。一家人為家庭的前途共同努力，不是為自己，而是為老少全家並歷代祖宗乃至後代。「每每在家貧業薄寡母孤兒的境遇，愈自覺他們對於祖宗責任之重，而要努力興復他們的家。」中國人由此得了努力的目標，成為精神的寄託，推動人超越現實、突破限制，不再被局限於淺近狹小的人生中。

16

「修身、齊家」就可以「治國、平天下」?
——論家國同構

儒家孝道受到五四學者批評，除了愚孝之外，筆者認為與傳統中國「家國同構」觀念有關，即家與國都是具有相同的結構，按同樣的規則（忠孝）建立和治理的。由於家國是利益共同體，政權既不能否定家庭為本的觀念，又不願置家庭利益高於國家利益，於是發展出「移孝為忠」的觀念。

> 子曰：「君子之事親孝，故忠可移於君；事兄悌，故順可移於長；居家理，故治可移於官。是以行成於內，而名立於後世矣。」（《孝經・廣揚名》）

移孝為忠　以孝治天下

「移孝為忠」即強調要孝順父母，然後把孝順的觀念轉而忠於君主，對兄長的尊敬可轉移對長輩、上司的敬順；管治好家庭便可移向治理好國家。

> 事君不忠，非孝也，蒞官不敬，非孝也。（《大戴禮記・曾子大孝》）

上文甚至將「忠」、「敬」、「孝」等同，但三者明明是不同觀念。古人認為「忠」、「孝」雖然不同，但其共通點均是向長輩、上級的一種尊敬、順從，所以可以說中國傳統政治的理想是以孝德治天下。一方面重視孝順父母，另一方面透過孝德，推動對國家效忠。「移孝為忠」、「家國同構」將家庭倫理擴展至國家倫理，將國家視為一個大家庭。這些觀念使中國人視君臣之間為君父、臣子，或者父母官、子民等，都反映着將國與家視為同一類型的組織。傳統中國認為這管治的秩序亦是反映天地創生的秩序，在《周易》中說：

> 有天地然後有萬物，有萬物然後有男女，有男女然後有夫婦，有夫婦然後有父子，有父子然後有君臣，有君臣然後有上下，有上下然後禮義有所錯。

先有天地萬物，才有男女，再有夫婦，即婚姻制度，及後才有父子及家庭制度；之後才有君臣，即國家和社會制度，禮義才能施行。明顯地天地萬物的生成是人不能控制的，但家庭是人可以管理的，儒家認為管理好家庭才可以管理好國家和社會秩序。這反映出儒家視國家社會倫理為家庭倫理的延伸（Kim,2014：147, 177），家庭倫理為社會倫理的基礎，所以正如梁漱溟（2005：73）說，儒家重視的家庭倫理並非鼓吹狹隘的家庭觀，而是要突破家族本位，由近及遠，開展「天下一家」、「四海兄弟」的胸懷。

事實上，孔孟本身亦認為孝不單是家庭倫理，亦是政治倫理的根本：

有子曰：「其為人也孝弟，而好犯上者，鮮矣；不好犯上，而好作亂者，未之有也。君子務本，本立而道生。孝弟也者，其為仁之本與！」(《論語‧學而》)

孝敬父母、尊敬師長的人，很少會冒犯上司，更不會作亂，故治國的根本就是確立孝道。所以中國傳統會認為孝子是作忠臣的基本條件；孝不單是家庭倫理，亦是政治社會倫理的根本，所以孟子才會說：

入則孝，出則悌，守先王之道。(《孟子‧滕文公下》)

道在爾（近）而求諸遠；事在易而求諸難。人人親其親，長其長，而天下平。(《孟子‧離婁上》)

人出生後最先接觸的便是家庭，皇帝的距離太遙遠，一般平民一生都未見過皇帝，但一般人學習人倫關係（尊敬長輩、兄弟姊妹相處）都先在家庭中學習，故學習做人的道理不應捨近求遠，家庭就是孝道和人倫最先培育的地方，接着才能做到「老吾老，以及人之老；幼吾幼，以及人之幼」(《孟子‧梁惠王上》)。再進一步就可以做到「修身、齊家、治國、平天下」：

古之欲明明德於天下者，先治其國；欲治其國者，先齊其家；欲齊其家者，先修其身；……身修而後家齊，家齊而後國治，國治而後天下平。(《大學》)

西方政治制度為甚麼不同？

其實這種家國同構的關係，在其他古代不同的地方（例如古代米所波大米，及後的希臘羅馬）都有類似的政治社會結構。以父權制皇室家族管治國家，以長子繼承王位，其他親人協助治理國家，將政治權威建基於家庭。家長權威與王權的結合更有效管治，而其管治合法性看來更為自然。由於古時社會戰事頻繁，生死攸關，戰事技術比其他技術更為重要，而戰士們又大多以男性為主，建立軍隊並發展中央集權政治社會很自然以男權為主（Maynes, 2012：Ch. 3）。

但自中世紀，西方歐洲社會出現不同的發展，國家與家庭之間出現了教會，信徒每周都會到教會崇拜，教會又負責包辦人生重要大事（嬰兒受洗、結婚、喪禮），與君主和民眾有強大聯繫；再加上神職人員有獨立於國家的信仰解釋權，原則上君主和人民都要臣服於神權之下，以致西方近代的政治有很不同的發展。

中國雖有廟宇，但不似西方教會般有強大的聯繫，而且中國的家庭中大多數人都有神位，所以中國的家庭一直以來都是功能最健全與穩健的單位和組織。尤其在傳統中國社會，家庭比起其他組織一直都是最穩定的單位，而傳統中國的家國同構，以宗法家庭作為國家最基本單位，家庭和國家都基於儒家思想作為紐帶，形成金觀濤和劉青峰（1992：44-48；130-141）所講的「超穩定結構」社會，它具有很強的自我調節能力，在國家崩潰後仍能通過自我複製再生，原因就在於國家和家庭之

間的相似結構。國家雖然瓦解，但由於家庭結構保存了國家組織的信息，家庭的治理理念和結構會重新複製、擴大，並重建國家。故此，傳統中國雖不斷經歷改朝換代，結構一次又一次地瓦解又重建，但都沒有發展出新的社會結構。

修身、齊家是否就可以治國、平天下？

現實問題是：儒家理想是否可能達到呢？「老吾老」是否就能「以及人之老」？「幼吾幼」是否就可「以及人之幼」？「修身、齊家、治國、平天下」是戰國時候所提倡，雖在戰國時代「家」並非核心家庭，而是如一個政治小區域，但其精神都是由小到大一步步治理好。這觀念現代人聽起來好像很荒謬，可「修身、齊家」是否代表就可以「治國、平天下」？管理家庭和管理一個社會、國家是很不同的事情。從現代民主政治強調平等和分權的角度看，傳統儒家期望以一賢君為人民榜樣，以管理家庭方式管理國家，會否助長專制政權？

首先，來到現代社會，是否代表「老吾老，以及人之老」已再沒有價值呢？筆者建議要分清這些說話所講的關係是「充分條件」（sufficient condition）還是「必要條件」（necessary condition）。如果「老吾老」是「以及人之老」的充分條件，即代表你能「老吾老」就一定能「以及人之老」；這講法不合乎我們的人性經驗，人關愛自己家人不一定就能關愛其他不熟悉的人。但如果「老吾老」只是「以及人之老」的必要條件，即代表如果你對家中的長輩都不能孝敬，你就不能敬愛其他的老人。

這講法就較合乎我們的人性經驗。墨子主張，只要大家都能做到兼愛，平等地愛每一個人，是否孝已不是最重要的了，故被孟子批評其思想實為不孝。筆者認為關鍵在於墨子這種兼愛是否真的合乎人性經驗呢？對於儒家來說，若自己家中最親的老幼都不關心、不照顧，又怎能相信他會照顧及愛護其他的老幼呢？很多人成為父母親後，都多了關注有關兒童的新聞，容易感同身受。這種感同身受就是始於他們對自己孩子的關愛，做到一種推己及人的效果，雖不一定成功，但卻有幫助。正如杜維明（Tu, 1972：198）所說，孟子批評墨家並非因為儒家沒有普世的關懷，自我修養最終目的都是要「平天下」，但儒家認為這種自我修養是一個漸進過程，由一己開始到家庭，再去到國家和天下。對儒家來說，繞過家庭去講一種沒有區別的兼愛是忽視了個人成長真實的處境，是忽略了家庭中親子間真實人性的強烈感情。

以必要條件理解「修身、齊家、治國、平天下」，看來就比較合理了，從「欲治其國者，先齊其家；欲齊其家者，先修其身」看，「修身、齊家」確是「治國、平天下」的必要條件。就算非邏輯上絕對，亦有很強的相互關係（correlation）。試問自己都未懂得做人（修身）、情緒不穩定，隨時為家庭帶來衝突，如何可以管理好家庭？若自己和家庭都管理不來，試問可以相信這個人能治理國家嗎（治國）？正如耶穌在《聖經》中有說：小事上忠心大事才能忠心，小事上都不能忠心，大事上都不會忠心。（〈路加福音〉，16：10）一個員工若連小小的項目都不能完成，卻對老闆說：「我不做小事，我只做大事！」老闆敢

把大事交給他嗎？回顧今天很多的社會問題其實就是源於家庭問題，家庭問題若能處理好，相信社會問題將會大大改善。所以傳統中國要求統治者修身齊家治國平天下，做好道德模範，然後一層一層地感染、擴大影響，改善社會秩序，這種從一己推展出去的管治方式雖不一定能成功，但在以往科技落後、資源缺乏的時代，按人性經驗亦有一定道理。就算在現代民主政治，不少學者亦會提出品格培育對公民及政治領袖依然有一定的重要性。

17

將來會是女尊男卑的時代嗎？
——探討女性地位於現代化的轉變

從傳統到現代

　　中國隨着工業發展也進入了現代化，中國家庭現代化其中一個最明顯的特色就是女性地位提升和婚姻自由。近年中國女性地位的轉變起源於清末西方列強侵入閉關自守的中國，於西方文化衝擊下，迫使中國傳統文化轉變。其中最明顯的影響，就是維新派為急忙維新救國推動男女平等、婦女解放等。另外，西方來華傳教士亦推動反纏足，興辦女校和辦刊物，傳教士希望透過傳教和教育推動改變中國文化的陋習。明恩溥（1998：297-300）指出，傳統中國婦女地位低下的七種表現：「缺乏婦女教育、賣妻賣女、普遍早婚、溺嬰、納妾、妻女自殺、人口過剩。」鴉片戰爭後，大量傳教士來華，是他們最先在中國開辦女塾，推動普及女子教育。之後五四運動影響更深遠，知識分子以《新青年》雜誌（原名《青年雜誌》）為思想平台，打着「德先生和賽先生」（民主和科學）的旗幟，大力批評儒家維護封建禮制，使女性活動都限制於家庭之內，未能走出社會，對女性造成壓迫。其中，陳獨秀（1916）批評「三綱」、

「夫為妻綱」等觀念漠視婦女的獨立自主人格，視女性為男性的附屬品。李大釗、吳虞等人也著文批評儒家倫理對女性不公，他們都主張男女平等，打破男性專制。議題方面，魯迅、周作人、胡適、李大釗等人亦批判片面貞節觀對女性的傷害，反對女子守貞而男子則多妾，另亦有反纏足，反對「女子無才便是德」的觀念。

　　過去不少研究中國婦女史的學者均指出，中國歷史中存在着不少有關對婦女的種種壓抑，由於傳統中國以農業為主，再加上父權制度影響，強調「男主外、女主內」的生產模式，指示了男性主宰家庭生活的重要責任，因此也就造成了女性必須依附家族的傳統意識。女性自幼在家從父，出嫁從夫，老來從子，又不得繼承財產或分得土地。而傳統習俗又視女兒為家族以外的人；如果家庭貧窮，女兒可能被賣給別人家作女兒，甚至可能被販賣為「妹仔」、童養媳。纏足（三寸金蓮）、「女子無才便是德」及貞節觀都是常被引用為批評傳統對女性壓抑的觀念（潘毅，2002：108-109）。

　　不過，近年受到西方後現代思潮影響，對於中國婦女史研究開始帶來新觀點。二十世紀九十年代之後，有些史學家對於之前的研究觀點帶着質疑，例如高彥頤（2005：1-19）指出，過去封建女性受壓迫的形象都深受魯迅等人的「『五四』史觀」影響，[1]中國婦女史研究都局限於「壓迫－解放」的框架，將婦

1　高彥頤（2005：3）指出這五四史觀來自西方中心主義，認為西方女性「擺脫束縛、自主獨立」比第三世界女性更高明。

女們都視為受父權制壓迫的統一整體，受到「被壓迫婦女當反抗以求解放」的意識形態影響。他們漠視了女性在傳統社會中的主體性和婦女之間的差異，其實婦女們並非都處於被動的服從地位。近年學者打破女性為受迫害者形象，不再視男女為二元對立，而是探索女性的主體性及她們在傳統社會中與男性間的互動所表現出來的積極能動性。高彥頤認為儒家的社會性別體系得以長時間靈活運轉，女性在當中其實亦得到好處。尤其在明末清初巨大的社會經濟和文化變遷，促進了繁榮的「才女文化」，反映她們都在儒家文化體制內靈活運用既有資源，為自己爭取更大的空間，甚至能強化儒家體制。

過去五四史觀常以「女子無才便是德」去批評傳統中國壓抑女性學習，但近年不少學者都指出，「女子無才便是德」之所以於明末清初引發爭議，正反映這並非傳統中國的共識。事實上，傳統中國家庭若能力許可，都鼓勵女性讀書識字，否則又怎會有《女誡》、《內訓》、《女論語》、《女範捷錄》等女四書的出現？宋元時期普遍甚至認為若母親能精通儒家經典，對兒子的啟蒙、教育，甚至考科舉成功均有幫助（駱芬美，2010）。明末清初更是大量才女出現於文壇之際，當時的才女有「名門閨秀」，但亦有詩才良好、懂得詩詞創作的青樓名妓。而當時「青樓名妓」酬唱之風漸在閨閫之間瀰漫擴大（高彥頤，2005：273），與「名門閨秀」界線漸模糊，故提出「女子無才便是德」，並非為禁才，而是反對一般婦女過度展現才華，與名妓混淆。明朝儒者章學誠重申「女子無才便是德」並非為反對女子才學，他甚至認為「古之賢女，貴有才也」，只是「才」要以

122

「禮」為本，不應以才妨德，而應以「才」、「德」合禮的內涵發展創作空間（曾令愉，2013）。

　　另一常被五四史觀批評為傳統中國壓抑女性的就是纏足。高彥頤（2009）指出，對纏足的批評源於傳教士到了中國後發現纏足的問題，並提出了「天足」的概念。中國人漸亦感到是陋習，見其他國家沒有纏足，漸為此感到羞恥。革命者為國族存亡，大力推動放足運動。隨着反纏足運動日益國家化和政治化，纏足女性被賦予「受害者」的標籤。纏足的風行，不能歸罪於父權專制或女性不懂反抗，其實當初女性也有參與推動這習俗的。纏足的風氣原先確是由一些男性文人以賞玩家心情評賞居家女人的足部是否纖小開始，賞玩家大量描述纏足，豐富了纏足的論述，對纏足的歌頌形成審美的準則，更激發了男性對女足的好奇，漸成為一種風氣和品味。由於風氣已成，纏足成為階級象徵，高彥頤（2009：247）將女性纏足與男性科舉類比，兩者都是地位提升的管道。一方面男性的慾望影響了女性對纏足的選擇和實踐；另一方面，女性對雙足悉心照料，並運用足服的遮蔽吸引了男性的注意。由於競爭激烈，女性都為此費盡心機，母親因擔心女兒長大後競爭力不夠，從小就幫她纏足。原本男性的想像只是美感的理念，女性的切實參與並實踐使纏足成為風氣，尤甚是母親的積極推動，使纏足成為風尚。大部分批評家都認為：如果傳統婦女可以選擇，她們不會纏足。但事實是，當時只要家庭經濟條件許可，女性都會選擇纏足！纏足不單不是恥辱或負累，更是自尊和特權的表現，是向其他人展現她的地位和可欲性。其實筆者亦反對纏足，就正

如今天筆者常勸告女士不要穿高跟鞋，它使女性腳痛和拇指外翻，但高跟鞋依然是現代社會的風尚。若有其他文化的人以穿高跟鞋為野蠻、落後、壓迫、物化婦女的標誌，相信亦不會有現代女性認同。

　　宋朝一向被認為是女性地位大幅下降的時期，但伊沛霞（2004）經過史料分析，發現宋朝中國父母並非都把女兒看作負累或商品，他們對女兒甚至特別疼愛，會為女兒終身大事而操心，希望為她們找到有才幹的青年男子。同時，為了提升女兒在夫家地位，都會為她們安排豐厚嫁妝，富貴人家的奩產更是驚人，可高達「奩租五百畝」（接近100英畝，差不多足夠12戶佃農耕種），而且婦女對家庭更具有財產管理權。雖然法律規定女方不得首先提出離婚，但實際上，有的家庭會因為女兒的丈夫對她不好而接女兒回家；亦有女子因丈夫長得醜，說服丈夫與她離婚。吳鉤（2015）亦指出，宋朝家庭以嫁妝名義分給女兒的財產一般為兄弟所得的一半。因為法律與習慣明確了女性的財產繼承權，甚至出現了女子為爭家產將兄弟告上法庭的事情。以後假如夫妻離婚，或者妻子改嫁，女方有權帶走她的全部奩產。在宋代，和離並不是甚麼稀罕事，婦女因為夫妻感情不和主動提出離婚的訴訟也不鮮見。宋朝的法律也保護婦女主動離婚的部分權利，舉例法律寫明丈夫若沒有能力贍養妻子，或離家三年未歸，妻子有權利離婚。不過當時始終是男權社會，離婚需要丈夫寫一封「放妻書」，作為法律上的憑證。過去認為貞節觀於宋朝因宋明理學轉趨嚴苛，但近年研究顯示，宋朝婦女守節並不普遍，甚至婦女再嫁者極多，法律亦越來越

少限制；貞節觀是到明朝時，因朝廷的旌表鼓勵和免税政策才越趨普遍（顏汝庭，2005）。

其實，這些後現代觀點與之前的五四史觀不一定有矛盾，甚至可以相互補充。傳統社會確是一男女不平等的社會，只是在這不平等的社會結構中，女性亦非被動地任人支配，她們會在既定的空間主動、靈活地尋找發揮的角色，以爭取更大的好處。而導致男女不平等的原因，很大程度是因為當時是農業社會，而且國家社會的建設和戰爭都需要大量體力勞動，以致男性在傳統社會佔主導位置。隨着科技和生產模式轉變，經濟模式由農業生產發展到工商、金融、服務業為主的知識型經濟社會，如 John Scanzoni（2016）説，我們已進入後工業資訊時代（the postindustrial information age），體力勞動的重要性大大減低，女性亦因得到教育和工作的機會而地位大大提升。再加上自由主義和女性主義思潮的影響，香港女性已越來越自主。

現代化與女性地位

五四之前，維新派梁啟超和辛亥革命時期的孫中山已主張設女子學堂讓女子受教育、男女共同參政、反婢反妾反童養媳運動等，其中最具代表性的事件是 1920 年蔡元培為北京大學校長時期開放女禁，容許女生旁聽，之後各省大學陸續招收女性。除了教育，工作方面，五四之前，隨着工廠發展，家庭手工業日漸衰微，迫於生計，再加上戰爭使男性勞動力缺乏，很多低下階層婦女都進入工廠工作，而中等地位婦女則從事文職

或教職員工作，以及分擔家用，甚至也有一些婦女從事商業經營活動，同時亦開始有受教育的知識婦女推動一系列女權運動（徐勝萍，2000：27-29），這些運動和社會轉變都大大推動女性受教育和社會家庭地位提升。

香港在六十年代，由於大量工廠落成，而且製衣業蓬勃發展，直接令女性走進工廠之內。製衣業得以蓬勃發展是因為相對地是低技術的工作，很多小本生意人都可開廠，有些甚至以家庭為廠，而傳統女性大多都懂得車衣縫紉，雖然賺錢不多，但較易「搵食」。在當時，由於女性地位依然較低，不少例子表明家中的女成員因為家裏貧窮，即使可以讀書都會放棄讀書機會，出來工作幫補家計，把機會留給弟妹，自己唯有上夜校讀書。女性因沒有學歷，只可被分配做低下階層的職位，就算是同工也可能出現不同酬的現象。後來香港的商業發展開始進步，女性地位亦有所提升。

但潘毅（2002：113）認為，當時香港的商業發展未能有效改變傳統女性作為母親和家庭主婦的角色。女性在工作的環境之中因為母親的身份而處處碰壁，所以會有較多的顧慮，甚至面對歧視與排斥。早期在工廠上班的婦女，即使作小產也不敢休息，最主要是因為怕原有工作位置被其他人取代。可以想像，若家中的孩子患病，需要人照顧時，其實都依賴母親照顧，但若上班便不能隨便請假。所以已婚女性在選擇工作時，往往考慮配合家庭的狀況，選擇比較接近住所的工廠，讓女性可以有多些時間打理家務，因有太多的考慮，縱然工資較低也會獲得女工青睞。昔日這種以家庭為重的心態影響到香港女性

的工作發展，使她們多從事教學職位，因為學校的假期比一般的文職工作為多。

　　時至今天，香港女性地位真的是大大提升。首先是女性的教育程度大大提升，2018年修讀大學教育資助委員會資助（UGC funded）課程的學生有53.2%為女性，46.8%為男性（政府統計處，2019：xxvii）；可預期將來社會中的中產及專業人士，女性人數不會少於男性。由於經濟轉型，女性工作機會大增，成就亦更高，特別是服務行業，需要較高的情緒智商，而一般女性的情緒智商較高，語言能力都發展得較好，待人接物又較細心。不少研究指出，女性語言能力比男性更佳，而語言正是服務業和知識型經濟的重要技能，這有利女性於職場有更大機會發揮（倪清江，2015）。加上香港聘請外地家傭照顧兒女的情況普遍，女性出外工作的機會亦大大提高。

　　近數十年，雖然擔任高層職位依然以男性較多，但亦有越來越多女性擔任高層職位，香港女性更領先亞洲區——約有三成在職女性任職管理層（葉一知，2013；另參政府統計處，2019：220）。入息方面，2018年女性的入息中位數已達月薪15,500元（不包括外籍家傭），男性為20,000元（政府統計處，2019：xxviii）。雖然男女的薪酬仍有差距，但幅度已大為收窄。1976至1996年間，香港男女月薪平均相差34.4%，現今已收窄為22.5%。值得注意的是，就業不足的男性有32,200人，遠高於女性的11,000人。大多男女薪酬差距較大的都是建造業、機械操作、工藝及非技術性工作；在經理、行政人員、專業人士及文書支援方面，男女差距並不太大。可見在商業或

知識性工作中，並未見得有因為性別緣故而有同工不同酬的情況。事實上，中產人士中有不少是太太收入高於丈夫的，相信男性薪酬平均高於女性是因為低下階層工作女性多從事清潔，但男性就很可能會從事地盤工作，人工較好，尤其近年香港大量基建工程開展，須聘請較多男性，再加上部分女性生了小朋友後，希望放下工作，花更多時間培育孩子。

　　女性的政治參與亦大大提高，過往女性都難以進入官場，但今天不單男女有平等的政治參與權和投票權，實際上，公務員、高官、立法會議員等很多都是女性。以首長級公務員為例，人數便由1981年的35人激增至2011年的414人，可見女性在社會的地位已徹底提高。香港現任特首林鄭月娥為第一位女性特首，但這在香港並不成為輿論焦點，甚至沒有甚麼人關注特首是男是女，可能反映香港已對女性的政治參與見慣不怪。過去幾年筆者在課堂上向過千位學生做了一些意見調查，問他們今天香港讀書工作上是女性或是男性更有優勢？抑或男女平等？認為男性更有優勢只有約一成，有四成人認為是男女平等的，其餘約有五成人覺得女性更有優勢！這些現象就算不能反映女尊男卑，最少都反映香港已不再是一個男尊女卑的社會。

18

阿媽真是女人嗎？

——討論母職、生育及性別
受到現代思潮的挑戰

傳統中國人都認為女性天生就有母性，特別重視對家庭兒女的照顧。但有部分女性主義學者視家庭觀念、母職為社會強加諸女性的觀念，是壓制女性的意識形態。

她們認為雖然現代女性於工作和社會參與上已得到解放，但女性在意識上仍深受家庭意識的束縛，限制了女性的個人發展。過去一般人理解男女性別的差異，都是基於生理上的差異，但女性主義者認為性別的差異並非出於生理，而是社會建構（social constructed），例如西蒙‧波娃（Simone de Beauvoir, 1989）於《第二性》中指出，工業革命後女性雖然因參與社會工作而提升了地位，但女性仍受制於家庭觀念，女性想有個男性伴侶，渴慕結婚，想成為母親，照顧小朋友，也都是自小被家庭教育灌輸，而這些家庭觀念其實是社會建構出來。雖然社會講求成就，但結婚對女性始終吸引，因透過結婚可在社會上更上一層樓。但女性又要成為女強人，又要照顧家庭，令女性分身不暇，當一名女性未能好好照顧小朋友時，便會被社會視為不是一個好母親。巴特勒（Butler, 1990）在《性

別麻煩》一書中更主張除了性別之外，性（sex）亦都是社會透過管控性操演（performativity）建構出來的觀念，過去對於男性氣質和女性氣質都是基於以異性戀為自然、正常的假設，但她拒絕性、性別及性傾向有甚麼「自然」的基礎，認為性別身份應是可變和流動的，是故巴特勒的思想得到同性戀和跨性別團體的擁護。

女性主義看母職

不少社會學者和文化研究學者都受到女性主義的影響而反對一些傳統家庭觀念，其中一個例子就是母親職責。例如文化研究學者史文鴻（1993：84-85）指出，一些普及低檔的女性雜誌強調「母性」、「理想太太」的形象，並以好母親、好妻子、從家庭得到滿足作為婦女的天職，實際是把女性在職業成就上的滿足感壓抑為次要；以女性愛美為天性，實為強調女性以美容及時裝取悅男性，成為男性快感及賞玩的對象。社會學者吳俊雄（Ng, 1995，引自潘毅，2002：114）則認為，女性對於家庭的羈絆還是不能擺脫。不少女性一方面認為可以同時兼顧家庭及工作兩方面，但卻又認定照顧家庭比發展個人事業更為重要，這反映香港婦女仍然受制於傳統「好母親、好妻子」的觀念。潘毅（2002：111-113）指出：「香港牢固的傳統家庭觀念是最大的絆腳石……傳統的觀念還是纏繞女性的一生，婦女在家庭、工作、個人生活上仍舊受到不同社會意識的操控及掣肘。……女性在工作層面上所遭受的壓抑或多或少也與家庭、

傳統思想環環相扣。」「她們經濟能力的改善促成她們有機會在父權家庭中進行討價還價，以致有機會慢慢改變生活狀況。然而……長期受家庭及道德觀念的限制，以致在作出重要的決策時也往往會把個人的意願放在最低。」

母職一般指懷孕生育、照顧養育子女、打理家務等。其實不同派別的女性主義對母職亦有不同看法。西方第一代的女性主義者如 Mary Wollstonecraft（1759-1797）認為，女性應與男性一樣受教育和工作，但家事仍是由女性打理，她認為母職亦是一種社會責任。但有其他自由主義女性主義學者認為 Wollstonecraft 忽略了家務勞動是無薪工作，在經濟上仍要依賴男性；故此，主張除了鼓勵女性出外工作外，同時也鼓勵男性走入家庭，照顧小孩和家庭（顧燕翎，2019：74）。

不過，馬克思女性主義認為私有財產制使女性要依靠男性而生存，而婦女過去在家做家務是一種勞動工作，但只有使用價值，卻沒有交換價值（即不能賺錢），故主張女性都要同樣出外工作，經濟上獨立於男性，將照顧小孩和家務的責任交給社會（託兒所和公眾食堂）；另一主張就是視家務為一般勞動工作並受薪，由國家支付家務的薪水給婦女。對家庭主婦勞動力的忽視，是對女性造成剝削。當然有人對受薪母職作出批評，其中最有力的批評是一旦家務支薪，婦女再無理由出外工作，使女性更孤立封閉於家庭內。

另有激進女性主義（徹底地從女性感受和經驗重新反思女性的身份及價值）認為，父權制藉女性的懷孕、生產和性活動，掌握女性的身體，進而全面掌握女性的權力。女性要基

於自身經驗，認定她們的利益是與男性利益相對立的。要掙脫父權制有兩個方法：把一切有關生殖的女性活動交給科技；重新定義女性身體和性慾，不受男性規定。激進女性主義中有些是否定母職的，最出名的是 Shulamith Firestone（1970），她指「生殖」是女性受壓迫的最根本原因，傳統生物家庭造成兩性不平等，因此女性要放棄生殖，將之交給人工生殖科技。由人工受精，將胚胎移植至人造胎盤發育，成熟後交由有愛心的人照顧，進而瓦解傳統家庭，建立無性別差異的陰陽同體（androgyny）社會。

另 Ann Oakley（1974）指出，過去都以為女性需要當母親，需要子女，子女則需要母親，這是母職迷思（Myth of Motherhood），她主張女性有子宮和卵巢不一定代表想當母親，否則就不會有棄嬰。小孩所需要的亦不一定是「親生母親」，而是值得信賴、溫暖的照顧者。女同性戀女性主義者 Jeffner Allen（1984）認為，母職是男性利用女性身體（透過異性戀性交、生育和照顧小孩）對父權制再生產的工具。女性懷孕都是為男性，從未真正為自己而懷孕。要徹底摧毀父權制對女性的壓迫，就要拒絕懷孕，拒絕當媽媽！

但亦有激進女性主義者是肯定母職的，如 Mary O' Brien（1981）指，女性受壓迫原因不在女性身體，而在男性對女性身體的操控。「生殖」是專屬女性的共同身體經驗，雖然苦痛，但卻代表某種神秘而巨大的力量，使男人嫉妒、又愛又恨。所以女性應維護這與生俱來的權利，不被男性所控制。Adrienne Rich（1976）認為要區分制度和經驗，女性應拒絕制度加諸母

職的偏見和限制，但要肯定女性經驗，主動取回身體及生產的控制權，成為懷孕生產的主體，而不是被擺佈的客體。如此，懷孕就可以是一次興奮、愉快的屬己經驗。她在1960年11月中的日記寫道：「他們的聲音刺激我的神經，他們永遠需要照顧，尤其需要人用簡單而有耐心的態度來對待，令我絕望於自己的失敗，也絕望於我註定要扮演一個無法勝任的角色……然而有時候，我溶化在他們無助、迷人而無法抗拒的美感裏——他們對人的愛與信任——他們的可靠、正直、不自私。」（引自劉亞蘭，2008：89）

事實上，有不少女性為家庭為兒女作出了不少犧牲，有些原本有高職的母親就因要親自照顧培育有特殊教育需要的兒女（如自閉症）而放下工作。值得討論的是：這種犧牲是否值得肯定和欣賞？對女性主義來說，她們是受傳統觀念限制了自身的發展，但這些母親並非無知，她們都是出於個人意願去付出、去照顧家庭和子女。但女性主義並非全無道理，過去女性留在家中照顧家庭的工作在傳統社會的確不受到肯定，以致不少丈夫容易因外出工作賺錢而專權，漠視女性的聲音和付出。今天女性地位得以大大提升，除了因經濟結構轉變，亦有賴女性主義運動的推動。

不過，筆者並不贊同女性主義的論述往往將男女關係對立起來！有些極端的更描繪理想的女性是不需要男性，不需要婚姻、家庭，可以盡情發展事業。這些理論假設了個人是無拘無束、無歷史、無負擔的自我（unencumbered self）（Sandel, 1984）。筆者認同女性之中亦有差異，有些女性真的只滿足於

發展事業不需要家庭，現今社會亦不會強迫她們結婚。但在絕大部分情況，尤其在家庭中，夫妻是彼此需要，對孩子來說，他們需要的是父親和母親，理想家庭兩性關係應該是彼此支持，相互補足。事實上，在香港年輕一代的夫妻中很多都是雙職家庭，已不再是「男主外，女主內」，他們大多都是夫妻共同分擔照顧家庭的責任，有少數甚至是丈夫主力做家務，當「家庭主夫」。其實最重要是夫妻雙方可共同協商出最可行的分工，夫妻溝通關係好，兒女生活滿意度也較佳（黃國彥，1991），對下一代成長才是最為有利。

由於香港可引入外傭，以致母親出外工作亦能照顧家庭。但在其他地方不能引入外傭，要兼顧家庭和工作確很困難，例如有在澳洲的母親只能半職工作，有在台灣的母親找長輩幫忙照顧小孩，而她們都只生一個，再生多一個根本應付不來。王麗容（王筱辰洋，2017）談到目前台灣在「性別平等」上的國際排名已達到第五位，但也受社會經濟環境影響，成家、生育比例低：「台灣女孩現在有三高趨勢，遲婚、不婚、不要小孩的比例都越來越高，我們可以看出女性越來越自主，經濟獨立，但對台灣整個社會的發展是否有利，也要再考量。」「調查中，發現其實大多數家庭理想的小孩還是兩個，但現在的數字卻是1.1至1.2個。」人口老化，出生率下降確是不少現代國家的問題。兒童成長是需要父母親的，筆者不認同完全將照顧小孩責任交由社福機構，但政府增設一些託兒服務確可減輕現代家庭兼顧家庭和工作的負擔。

性別定型與跨性別

隨着女性地位上升，性別定型（Gender Stereotype）亦是近來女性主義一個爭議，過去中國歷史及社會教育科中，男性出現頻率比女性高，角色比女性重要。女性的出現往往只作為輔助性質，作為決策人角色卻罕見，例如醫生、機師都是男性，護士、空中服務員都是女性。在小學及幼稚園課本中，兩性關係亦存在一種刻板的劃分：女性多是以母親的身份出現，負責照顧子女，打理家務，而父親則在外工作。筆者認同過去有一些性別劃分確是過分刻板和不合理，但今天性別理論（Gender Theory）主張所有性別都是從社會建構而來的，與生物性沒有任何關係，將社會性別（gender）與生理性別（sex）完全分開，又是否可取？

近年同性戀、變性、跨性別等運動都很大程度否定生理性別特徵，以心理認同決定性別身份，同性戀運動否定男女交合為自然的配搭，有些變性人在結婚時隱瞞自己原先的性別身份，產生極大衝突。在西方，有些變性手術只是部分完成，結果有所謂的「男人」懷孕例子，例如美國人Thomas Beatie其實原為女性，但變性手術並沒有切除子宮，結果借精生子。另有變性夫婦Nick & Bianca雖二人都改變性別，但卻都保留着原生的生殖系統，結果有「女人射精、男人懷孕」的說法。亦有「男性」母乳餵哺，Evan是一位女跨男的跨性別人士，以自己母乳餵哺（Hempel, 2016）。另美國、加拿大有很具爭議性的廁所法案，個人可按自稱的心理性別進入異性洗手間，當時奧巴馬政

府指示要求所有學校執行，否則違反教育條例中反歧視原則，將得不到政府資助（美國之音，2016）。過去有不少男兒身自稱跨性別人士使用女廁及女更衣室，使其他女士感到很不安；亦曾有保安因阻止男跨女人士使用女廁而被控仇恨罪及遭解僱，亦有男跨女人士進入試身室偷拍的案例。另亦有男跨女人士參加女子田徑和舉重比賽奪得冠軍而被亞軍選手批評不公。[1]

　　這些性別議題都是非常複雜，筆者在此只能分享一些反思：（1）性別觀念的確有部分是社會建構出來，但其他觀念如自由、平等、人權、歧視等政治觀念亦是社會建構出來，也是複雜和充滿爭議性的，很多性別理論學者往往只挑戰傳統性別觀念，卻對很多現代政治觀念視之為理所當然，又或強將他們心中一套平權、反歧視的觀念加諸異見人士之上，是雙重標準。（2）傳統性別觀念雖是社會建構，並不代表是隨意建構，很多時是基於生理特徵與當時社會環境而建構，今天社會環境已轉變，我們應重新反思傳統觀念有甚麼需要修正的地方，但將生理特徵完全排除於性別之外是矯枉過正。（3）一些適當的性別觀念和規範不單有助兒童建立健康的性別認同，亦有助社會兩性間相互尊重和交往。如果跨性別情況只留於私人領域，對社會影響不大；但現代社會以反歧視之名將所有社會性別規範打破，筆者擔心如此發展下去，社會人際間的關係將會更加混亂，對兒童性別身份的建立亦將更複雜。

1　香港性文化學會「性文化資料庫」中載有很多有關同性戀、跨性別所產生的爭議個案，https://blog.scs.org.hk/。

19

現代中國家庭有幾傳統？
—— 中國家庭現代化變遷和適應

現代家庭主要特徵就是大多數家庭的形成都是核心家庭，即以婚姻為基礎、父母與未婚子女共同居住生活的家庭。根據馬克思主義，核心家庭成為主流是因資本主義，資產階級為確保將資產傳給自己子女而形成一夫一妻制核心家庭，以致不停製造出社會不平等。但有批評者指出，社會與兩性不平等在資本主義之前早已存在。

Ernest W. Burgess（1926）視家庭為「互動成員的整體」（unity of interacting persons），Burgess 強調家庭成員的互動，影響家庭形式的發展，因着工商業發展，家庭互動的模式在傳統與現代有所不同。傳統是一種高度整合的家庭（the highly integrated family），而現代變成鬆弛地整合的家庭（lossely integrated family）。Burgess 指傳統是一制度家庭（institutional），它受到外界力量如經濟、宗教、法律、習俗等所制約，而那些社會力量在家庭中因着宗法制/父權制的落實而強化，結果形成一種穩定而高度整合的家庭模式。而在現代社會中，工商業化令女性參與社會的機會大大增加，年輕人得到教育的機會大大提高，這兩個原因大大削弱了父權，再加

上現今社會強調個人主義、民主化等，使過去一向維持家庭穩定性的種種因素失去其功效，令家庭的整合關係漸漸鬆弛，隨之而發展成為小型的伴侶式家庭（companionship）（Erickson, 2003：514-515）。[1]

　　功能主義亦認為，核心家庭出現是因為工業化，例如Talcott Parsons（1955, 1959）和 William Goode（1963）就認為每個社會都可視為一運作性的社會體系，而社會體系是由不同的小體系所組成，彼此緊密連結及依附生存，各自發揮及作出貢獻，並互相交替和增補，從而保持整體的均衡。而社會變遷是由一些副體系引起，繼而導致其他有關的副體系產生相應的變動，這樣交替延續下去，直至形成體系的新均衡。有如身體的某些肢體失去功能，其他身體部位會嘗試鍛煉而取代失去功能的肢體，以維繫可以求生的情況。過去的現代化出現最明顯的轉變就是經濟結構的轉變，重點在於家庭作為社會的其中一個有機組成部分，在現代化過程中的功能和結構上怎樣適應。由於現代社會中分工越趨精細，家庭在傳統社會中所扮演的經濟、政治、教育和宗教等功能逐漸被其他專門的機構如市場、政府、學校和教會所取代。從前是農業社會，但經濟轉型後，家庭的功能相對會作出轉變，所扮演的角色都漸漸被其他功能取代。大家庭的權力架構容易與現代社會中因個人成就而帶來的階級流動產生衝突，傳統家庭倡議「父母在不遠遊」，後來工

1　以下家庭現代化理論的討論，主要參考了朱偉志、陳榮生（2002：73-77）對有關理論的介紹。

廠出現，人口流動增加，難以再維持父母在不遠遊，所以功能主義認為現代化削弱傳統擴大家庭形式，核心家庭成為主流，而小家庭比大家庭更能符合現代社會流動的要求，並取代了大家庭而成為最適合現代社會的家庭組織方式。而小家庭的功能只餘下最簡單的傳宗接代及穩定成年人的情緒。

另Young & Wilmott（1973）指出，由於工業化為婦女帶來了新的就業機會，經濟獨立使得家庭內的權力關係產生轉變，由昔日的父權轉變為平權。所以現代化帶來一種新的家庭模式。現代化最終會帶來平等的、和睦的及生活質素更高的家庭。政府強制性教育、女性出外工作和地位提升使男女關係開始平等，令夫婦關係及家庭的生活質素更好。家務分工也不再是婦女的責任，而是由夫婦共同分擔。他們特別提到科技進步大大改變家庭生活質素，使得家庭生活越來越私人化和核心化，而且角色間距也會縮小。隨着現代化進程，由中產階級滲透到下層階級，後者會模仿中產家庭的生活方式，最終會達致平權。

不少人批評Young & Wilmott誇大了現代家庭的美好。如激進女性主義者Ann Oakley（1974）認為，父親只是小部分幫忙家務，並且往往大多是照顧小孩較趣味性的工作，遠非男女平等，普遍婦女仍受困於家庭角色。不過現代中國雖然男女並不一定能完全平等，但無可否認相比傳統社會，無論男女地位和家庭生活都已改善了很多，不單婦女外出工作，不少丈夫亦幫忙家務，不過大多情況婦女仍較多負擔家庭責任。另外，從前要富人才可享受科技所帶來的便捷，今天已經普及到任何階

層都可使用，很多原本是奢侈品的科技產品都開始降價，科技更為普及，生活質素變得更平等。問題反而是，我們亦見到資訊科技使個人生活更私人化和原子化（atomized），雖空間距離縮小了，關係較以往更平等，但亦使家人之間的關係和情感上更疏遠。

亦有批評Burgess和功能主義的學者指出，伴侶式家庭並不是現代化過程中的必然發展。其實，不少家庭史的研究均指出，傳統中國社會三代同堂式的擴充式家庭，一直以來並非主流模式。根據歷史資料，漢朝至解放前的家庭人口平均在五人上下波動，小家庭一直佔大多數（趙喜順，1991：203）。另現代中國社會亦存在着不少擴大家庭，並非全部都是核心家庭。雖則如此，但功能主義和Burgess的觀點仍有力指出傳統和現代家庭的分別和轉變。傳統社會小家庭較多是因以前的人均壽命較短，夭折率較高，故此單親家庭或寄養家庭也十分普遍；但傳統家庭的理想始終是「兒孫滿堂、三代同堂」，成為小家庭只是沒有選擇而已。但現代人是選擇小家庭為理想家庭，不再需要成員間經濟生產上的合作，而是更重視伴侶關係和兒童教養的質素，這確與傳統很不同。不過，功能主義的缺點是只着重經濟生活上的調適，忽略了意義和價值觀對個人的影響。事實上，中國現代家庭並非像西方核心家庭般結構上孤立，他們很大程度仍受傳統中國家庭價值影響，並維持緊密聯繫。

中、港、台現代家庭模式

　　中國家庭現代化一方面仍受着傳統家庭理想價值影響，孔邁隆（1991：16）稱之為「終極期望」；另一方面因着社會經濟環境轉變而作出生活上種種適應，即「生活經營」，而這種適應又會影響家庭「終極期望」的修正，可以說中國家庭的現代化是處於「終極期望」與「生活經營」兩者間辯證性的發展。最明顯的例子就是儘管中國家庭出現核心化趨勢，但仍存在一定比例的主幹家庭（約10%-20%）；相比在西方，年輕夫婦結婚後與父母同住是極罕有的。另外，亦由於經濟轉型，現代主幹家庭只是共居，卻很多都不會共財；大規模企業興起和工資制度普及確削弱了傳統家庭的經濟組織和鄉土觀念。但中國人就算結婚後不與父母同住，另組織核心家庭，很多都盡量鄰近父母居住的地方，與父母仍維持經濟上、生活上、情感上的彼此照應，甚至經濟上往往總是父母給子女多於子女給父母的。生活上除了常會一起吃飯之外，不少年長父母還會幫忙湊孫（不過兩代人育兒觀念不同亦會造成衝突），而對於長期病患的年邁父母，子女及孩輩一般仍會承擔照顧父母的職責，這反映傳統孝道和家庭為本觀念仍有相當影響。不像西方年長父母般，要自行預留足夠儲蓄作退休用，且甚少幫忙湊孫，日間夫妻返工時要將子女送到保姆（babysitter）家照顧。中國家庭這種生活上各方面的緊密聯繫，形成潘允康（1991：85）所說的「城市核心家庭之網」，又或是李明堃（1991：168）所說的「折衷的擴大家庭」。但因着近代歷史不同的政治因素影響，中國大

陸、香港、台灣各自有它們家庭現代化的獨特發展。

中國大陸

中國大陸家庭雖曾經因一些政策（如1978年農村有家庭聯產承包責任制）而導致主幹家庭短期上升，但長期卻明顯有核心化、小家庭化趨勢。全國核心家庭於1982年至2000年近二十年間穩定於70%上下的狀態，直系親屬家庭（包括主幹家庭）卻一直穩定於21%左右。影響小家庭化趨勢的成因，除了因為工商業化和城市化導致很多農村人口到城市工廠工作而形成很多小家庭外，另一重要成因就是政策。由於毛澤東熱衷於廢除傳統家族制度、階級和男女間不平等，中國大陸於1950年（中華人民共和國第二年）就實行了《婚姻法》；另一政策是1978年推行的一孩政策，促使中國家庭急速小家庭化，生育率由1970年平均每個婦女生5.8個孩子下跌至1978年2.7個（Chu and Yu, 2010：7），其後到2019年是1.635個（World Population Review, 2019）。儘管2016年初，內地已全面實施開放二孩政策，但城市父母很多都已沒有多生育的意願。近年全國連核心家庭都有下跌趨勢，由1990年約70%下跌到2010年只得約60%，而城市中的單人戶卻由2000年的10.38%上升到2010年17.03%。城市單人戶上升是因大齡未婚人數增加，亦因他們經濟能力提升以致置屋人數增加（王躍生，2017：70），這亦反映小家庭化趨勢進一步上升。

現代化對於農村家庭亦有一定影響，一般來說，農村的核

心家庭比城市少（2010核心家庭：市65.3%；鄉縣57.02%），更多是直系家庭（2010：市15.28%；鄉縣28.52%），這反映農村家庭更重視成員之間的互助（王躍生，2017：68）。由於農村收入相對城市低，年輕的勞動人口選擇長期於城市工作（2010年有30%家庭成員長期到城市工作），甚少回家，以致出現留守兒童、空巢老人等問題；一孩政策雖有效控制人口，改善兒童成長環境，並得到更多資源培育，但亦使新一代很多成為「無手足家庭」，形成「四二一」的特殊家庭組合（祖輩四人、父輩兩人、一名孩子），另外亦產生新一代性格問題，例如獨生子女容易成為「小霸王」或患「公主病」，傾向自我中心，甚至有指他們容易形成心理偏差等（鄭宏泰，2014：90）。

香港

香港家庭亦是有核心化和小家庭化的趨勢，香港在十九、二十世紀間的人口增長除了自然增長外，大多來自移民。自1850年起，中國大陸出現太平天國戰亂，很多人來港避難，之後亦有義和團運動、軍閥割據、國共內戰、文化大革命等，大批內地人因避開這些政治因素而來港，由於大多移民家庭都是小家庭，很難整個大家族一起移民，加上七十年代家計會提倡「兩個夠晒數」運動，故此香港家庭一直有家庭核心化趨勢。核心家庭由1986年的59.2%增至2011年的66.3%，為香港普遍的家庭形式，並且由於婦女具有獨立經濟能力，家庭趨向平權，不少丈夫都會分擔家務；由於雙親教育水平提升，教養方

式亦較開明,以致子女意願漸漸受到尊重。

除核心家庭外,其次是有親屬關係的住戶由25%減少至14.5%(尹寶珊、羅榮健,2014:14),當中主幹家庭(即已婚子女與父或母同住)由八十年代初估計約15%(李沛良,1991:135)下跌至2009年約5.4%,主要由於香港住屋環境狹窄並不利主幹家庭(趙永佳、丁國輝,2014:194)。雖然子女結婚後不一定與父母同住,但不代表家庭結構就孤立化。由於通訊科技和交通發達,核心家庭之間基於親情仍維繫緊密接觸,相互幫助。這亦反映儘管香港已高度現代化,但家庭依然保留了很多傳統觀念,並且於家庭生活方面都有較高的滿意度(趙永佳、丁國輝,2014:200)。然而,香港家庭亦面對着不少現代化家庭問題,如香港人結婚年齡越來越遲,[2]甚至不婚率和離婚率都上升、少子化、單親家庭及獨居家庭數目增加等。

台灣

台灣的家庭很多都來自大陸,故繼承中國傳統家庭觀念,以擴大家庭為理想。雖然生活環境艱辛,以致很多並不能達致理想,但由於台灣沒有跟從中國大陸的制度,又沒有經歷大躍進及文化大革命等變革,以致現代化早期很大程度地保留了中國傳統家庭文化(Chu and Yu, 2010:7)。但另一方面,由於

---

2   2016年男性首次結婚時的年齡中位數為31.4歲,女性為29.4歲(政府統計處,2018)。

與美國的關係和對抗中國大陸的政治氣氛，加上民主改革，近三十年來年輕一代（尤其是綠營的）觀念上更受西方個人主義影響，台灣亦是第一個通過同性婚姻法的華人社會。

　　台灣曾在1895年至1945年間由日本統治，在日據時代主要發展農業，對家庭制度影響不大，但由於日據時期以來嬰幼兒死亡率持續下跌，致使戰後成年子女數量增加，擴大家庭令主幹家庭有所上升。到1945年光復之後，台灣開始急速工商業化，令家庭形態有所改變，在老年父母只擇一子女同住的情況下，其他子女自組小家庭，自然使得核心家庭的比例增加，並且維繫一定比例的主幹家庭，形成以核心家庭為主、主幹家庭為輔[3]的現代台灣社會。不過，六十五歲及以上老年父母與子女同住亦有些微下降趨勢，由1984年的70.2%下跌至2005年61.1%，不單因為子女與老年同住意願下降，亦因父母期望老年與子女同住的比例同樣下降、老年父母獨居能力增加（楊靜利等，2012：10），雖則如此，但主幹家庭仍是台灣大家庭的主要形式之一。

　　近年台灣的結婚率與生育率均不斷下降，離婚率則有不斷上升的趨勢，而且近年變化較以往劇烈。根據「世界人口綜述」（World Population Review, 2019）網站列出，2019年的各國出生率排名，台灣排最後一名，生育率只得1.218，比香港還低；香港是1.326，美國是1.886，全球平均是2.4。雖然這個掛名

3　由1984年至2005年，核心家庭維持約58%，主幹家庭維持約30%（楊靜利等，2012：17）。

有爭議[4]，但亦都反映台灣已成為超低生育率地區。低生育率的成因除了因為台灣結婚率持續下降、生活壓力大外（不像香港，台灣政策使請外傭很困難，台灣收入亦難以支付，很多雙職家庭養育一個小孩已感到很吃力），亦因為不像香港般每年有大量來自內地的新移民湧入。

*　　*　　*

　　近年有學者討論中國及東南亞地區的家庭是否已進入「第二次人口轉型」（Second Demographic Transition）（Poston 2017：38；Raymo et.al. 2015；楊靜利等，2012：3），即是因避孕方法改善、性革命及女性於勞動和社會的作用增強而引致的人口結構轉變，家庭價值由以往的布爾喬亞式的（bourgeois family model）維護核心家庭轉變至個人主義式（individualistic family model），因而產生晚婚、不婚、同居、高分手率及少子化等現象。雖然中國家庭是否已進入「第二次人口轉型」未有定論，但不少現象已經開始出現，尤其少子化以致人口老化將對社會發展極為不利，故各地政府已開始着手思考並推動鼓勵生育政策，可惜暫時成效不彰。中國政府亦於2021年5月公佈「三孩生育政策」，效果如何實有待觀察。

4　有學者認為這計算不準確，南韓才是最低（李宛諭，2019）。

20

現代家庭是核心家庭？多元家庭？
抑或是破碎家庭？
——現代家庭的問題

　　現代家庭其實面對着一些難以處理問題，就是人口老化、少子化、遲婚不婚、離婚及破碎家庭，本篇嘗試就着不婚和破碎家庭作一些反思。

　　中國人不婚率近三十年持續上升，女性尤其明顯。[1]女性不結婚表面上可能是因地位提升，不再需要依賴男性，亦不願被婚姻束縛，認為不結婚更自在，但從社會環境轉變可見，亦可能是因為離婚率上升，以致對婚姻沒有信心。社會學家貝克（Ulrich Beck）（2018）認為，我們正處於風險社

1　香港在 1986 至 2011 年間，從未結婚的男性和女性數目分別上升 15.5% 和 60.8%；三十至三十四歲的未婚女性比例，由 1986 年的 14.5% 激增至 2011 年的 37.7%（尹寶珊、羅榮健，2014：15）。中國大陸於 2013 年全國結婚率為 9.9%，到 2018 年下降至 7.2%；2015 年全國三十至三十四歲女性未結婚率在 6% 左右，比 1990 年提高 10 倍左右（聯合報，2019）。台灣到適婚年齡（二十至五十歲）仍未婚者由 1997 年至 2017 年間，男性由 44.5% 升至 53%，女性由 27.6% 升至 43.5%（賴怡君，2018），升幅近一倍；三十至三十四歲女性未結婚率由 1990 年的 10.7% 上升至 2010 年的 38.11%（行政院主計總處，出版年份不詳），到 2018 年為 46%（內政部戶政司，2018）。

會（risk society），因為兩性平等和個人主義高漲，很多傳統家庭規範已不再適用，個人有更多的自由選擇，現代人對自我、關係、因果等具有反思性（reflexivity），亦即個人要為自己人生做更多的決定，並要考慮更多的風險因素；再沒有既定價值可跟隨，各人要為自己而抉擇，社會越來越趨個人化（individualization）。面對近半婚姻最終離婚收場，風險意識增加令很多人不願意結婚。現代社會個人化趨向，使大家重視追求個人慾望多於維繫關係穩定，亦使婚姻越來越難實行，取而代之是協商家庭（the negotiated family），即沒有既定家庭模式，所有家庭安排都是平等地協商出來，但每樣事情都要重新協商其實是不容易的，越來越長的工作時間令到持續、穩定、協商的家庭生活越來越困難和不穩定（貝克等，2011：104-105）。愛情亦不再有既定模式，弔詭的是個人化是自我取向，但愛情則是兩人共同組織親密關係，故現代男女必須花大量心力去處理兩者間的矛盾；男女脫離原有角色，人際關係多元變化亦使得關係更為短暫。人們對愛情越來越熱切，甚至成為新宗教，但個人化趨勢亦使愛情關係越來越困難（姚蘊慧，2005：7）。因此現代越來越多人選擇同居，一般人都以為先同居（經過試婚）後結婚，婚姻關係會更好，但很多調查數據均反映「先同居後結婚」比「無同居而結婚」的離婚率高近一倍，原因是同居者（尤其是男性）本身對於婚姻的承諾和委身（commitment）較低，有孩子的女性於同居關係中對未來亦感到很不確定（Bennett, 1999：67；Waite, 2000：26-27）。

家庭破碎

　　另一問題就是家庭破碎。所謂家庭破碎，它並不是指配偶離世，而是指離婚、分居、遺棄。家庭破碎對人有很大的影響，婚姻對很多人是人生大事，家庭破碎會帶來極大的挫敗感、抑鬱和沮喪，感覺到被離棄、孤單和失落；對婚姻和自己都失去信心，在別人前感到自慚形穢。有部分人甚至會自暴自棄，因而酗酒、流浪、消極、嫖賭或濫交等。假若有子女，更會對子女愧疚。

　　有學者認為我們已進入後現代，社會結構不再像現代社會般有秩序，以核心家庭為主。後現代社會已沒有共同價值，社會更為急速變化，並且碎片化和失序，女性可因而脫離父權制和傳統母親角色，各人透過自由選擇建立自我身份。女性主義學者Judith Stacey（1990：3-19）認為討論家庭在現代社會會否消失是問錯問題，現實是家庭形式比之前更多元、流動和變化，不再以核心家庭為主流形式。傳統社會都認為離婚不是好事，但Stacey（1990：16）認為離婚反而增加了（非血緣）親屬，因着父母離婚和再婚，女性可重新選擇適合自己的伴侶，並且她和兒女可與新丈夫前妻或前夫新婚妻認識並建立非傳統血緣的親屬關係，形成「離婚－擴大家庭」（divorce-extended families）。事實上，不少人已透過離婚和再婚不停重塑家庭生活，有些找不同文化或血統的，有的要找做家務的男性，有的選擇未婚生育的單親家庭，有的成同性伴侶，形成所謂的「後現代家庭」（the postmodern family）。Stacey（1990：269-270；

1996：9）承認後現代家庭確是充滿不確定性，而且不穩定，但相比傳統家庭，對女性和性小眾將會開拓更為民主、平等和自由的前景，所以她呼籲大家讓家庭終結，過去的家庭是壓抑多元關係的，支持「後現代家庭」，它將使人更有智慧和寬容，亦更符合民主趨勢，過去女性主義及同性戀運動正重新定義家庭，回應這民主趨勢。

後現代多元家庭？

Stacey的所謂後現代家庭更為多元其實可能是誇大了。首先，西方及中國社會中核心和主幹家庭比例雖然是下降了，但依然是主流的家庭形式。其次，回顧歷史，我們都知道家庭和婚姻形式一向都是多元的，有核心、主幹、單親和不同形式的聯合家庭，有聘娶婚、招養婚、童養婚等等，不過，傳統婚姻家庭一向以男女結合的婚姻為基礎，以核心、主幹或擴大家庭為理想，而Stacey的後現代家庭則打破了性別、數目等的限制，包括同性、多人及其他形式婚姻，甚至關係是長期或短期都已不重要了，只要平等而同意下的結合都被視為正常的婚姻家庭。但問題是，這種無形式限制的「家庭」最終效果其實豈不就是瓦解了家庭的意義嗎？正如貝克和貝克-格恩斯海姆（2011：100）所說，如果任何生活形式的配搭都可以說是「正常家庭」，那麼這些觀念都已再沒有意義了。就正如如果三國裏劉、關、張桃園結義都可說成是建立家庭，「家庭」的意義與「一群人」的意義其實已沒甚麼分別，難怪屈原也被人說成是同

性戀者。就算將這些結合都稱之為「家庭」，我們亦要問是否甚麼形式的家庭都是適合下一代成長？如哲學家柯曼（Brenda Almond）（2006：10）所說，家庭觀念確會隨時間文化發展而有所轉變，家庭制有兩個面向，一方面它是社會建制隨社會文化有改變，但另一方面它亦是植根於人的生物性，並非隨意界定。故此，在不同社會中，有一夫多妻、一妻多夫等制度，但柯曼亦指出這些都只是一些例外情況，大多數的社會家庭制都是以夫妻及子女為基礎的親屬關係。

破碎家庭？

另外，Stacey認為離婚和再婚反而可增加親屬關係，使人更民主、寬容。按這講法，小孩的家庭如果可不停經歷父母的離婚與再婚、又離婚又再婚，豈不就更多親屬？豈不是更民主、更寬容？難道父母離婚與再婚對孩子真是沒有影響嗎？有多少孩子可以承受得了？

事實上，不少調查及臨床經驗顯示，父母間的衝突和離婚對兒女有不少負面影響。兒女在父母爭執中承受巨大壓力、焦慮和恐懼；子女或會成為被父母拉攏的對象，不停和子女灌輸「配偶是壞人」的意識，令子女成為夾心人，左右為難。子女雖只是孩子，卻常要扮演起支援父母情緒的角色，過大的壓力使子女變得退縮，在長大後雖渴望親密關係，但卻不敢發展。

離婚前父母關係如果是持續高度衝突（甚至家暴），由於子女在當中已受到很大傷害，離婚確可舒緩之前所帶來的傷害。

但父母子女如果原先關係不錯，離婚後往往要疏遠其中一位父母，與另一家庭（通常是母親）生活，子女會感到很難過和掛念；母親因要獨立兼顧家庭，對兒女的照顧和支援反而會較少。父母離異亦使子女有強烈無助感，造成子女自我方面缺乏安全感，不能接納自己，甚至會過分的自我防衛。父母是最親密的人，父母離異會影響子女的人際關係發展，甚至會導致失眠、做惡夢、食慾不振、生理疼痛等身心失調現象，繼而影響學業和工作。另外，還要伴隨離婚而來的轉變，如：轉居所、單親家庭生活等。假如母親再婚，又要重新適應新的父親，更大問題是再婚的離婚率往往比第一次婚姻的離婚率高，以致兒童要再次承受打擊。這些心理困擾於離婚頭兩、三年最屬害，不少年輕人兩、三年後可漸漸適應（當然無法返回健康家庭關係的情況），但仍有較長遠的影響。部分離異家庭的子女日後可能對婚姻沒有信心，亦不知如何建立親密關係和美滿婚姻；即使結婚，離婚的機會亦較大。有些少年人如果適應不良，甚至可能會有抑鬱、偏差（暴力、濫藥、濫交等）或犯罪行為。

　　一個健康的家庭關係對下一代成長影響至深，現代人對於現代婚姻家庭的反思時有必要將下一代成長作為重要考慮，不應該單單考慮個人的自由和權利，否則家庭制度終必瓦解，受害的亦只是下一代。費孝通（1998：109）稱傳統婚姻家庭為「生育制度」，雖然傳統家庭有很多的習俗和規範，現代人可能看來不再合適，但傳統家庭的習俗和規範確是為未來一代一代人的成長而制定；從長遠家庭健康和培養下一代角度考慮，某些傳統價值和規範於現代家庭依然適用。

有些家庭史學者及女性主義者反對家庭，認為家庭都是父權為主，男性是最大得益者，兒童從未被尊重，私生活及性都被置於經濟和實際生活考慮之下，但柯曼亦強調雖然存在這種種的問題，但相比於其他制度，家庭在大部分情況下仍是最能提供安全和保護的環境。雖然父母子女的關係是不平等，但相比其他關係，親子始終是最為親切、無條件的關係（Almond, 2006：25）。另外，亦有學者提出將生育和照顧兒童都交給生育科技和社會育兒機構，其實這些都是過度理想化科技和制度的功能，生育科技不單涉及不少倫理爭議，亦對兒童的心理和身份認同構成相當困擾（許志偉，2006）。至於交由社會育兒機構照顧，豈不等於將所有兒童都送到孤兒院？有認識的都會知道在孤兒院成長的兒童於心智、情緒、人際等各方面發展都特別困難，所以才需要呼籲更多寄養家庭幫助。家庭成員間由於較緊密親切，往往能給予最自然及最直接的聯繫和照顧，以疏遠的關係去取代親密的家庭關係根本是很瘋狂的想法。

　　此外，亦有學者反對家庭制度是因家庭會傷害人，限制個人自由。但筆者認為正正因為家庭關係對個人至關重要，影響至深，所以不好的家庭關係的確會帶來很深的傷害。家庭是個人自幼兒成長最親密和賦予安全感的地方，深深影響一個人的自我身份、個性和價值觀，是其他團體難以完全取代。這正正反映人不單是社會性存有（social being），更是家庭性存有（familial being），人本性是需要健康親密的家庭關係和歸屬感，個體才可健康成長；同時，人並非是單為自己而活，亦是為他人而活，尤其是為家人而活，生命才會感到實在和有意

義。抽離於家庭或群體的獨我雖然無拘無束，但亦是孤獨和違反人性的。相反，好的家庭生活和關係確能使人感到滿足和幸福。故此，與其否定家庭價值，倒不如積極學習建立良好的家庭關係。傳統的社會沒有教導如何維繫家庭關係，只依靠傳統和習俗規範。今天的自由社會中已沒有共同規範，反而令更多人在家庭或關係中迷失。

　　過去亦有些人總覺得傳統家庭好一些，事實上社會結構已經轉變，我們已不能返回封建社會家庭。雖然封建社會家庭比較穩定，但亦有不少壞處，試問現代又有多少人還可以接受「父母之命、媒妁之言、男尊女卑」等觀念？現代家庭沒有了封建社會的習俗和文化壓力去維繫，而是基於夫妻的感情，但感情是很容易變的，所以關鍵問題是如何可建立美滿婚姻家庭關係？婚姻是兩位不同背景的人走在一起，要建立長遠關係，除了感情，亦需要學習人際相處、溝通技巧、相近的價值觀和品格，這些特質都是個人成長時需要學習培育的。正如很多教會要求預備結婚的人須先進行婚前輔導，使二人能學習如何與自己不一樣的人建立關係，尤其是學習處理衝突的技巧，以致可以長久一起生活，彼此照顧。愛情應該包括激情、友情和委身三部分，美滿的婚姻家庭需要雙方悉心栽培和建立。美滿婚姻不單是因為好運，個人性格也有很大影響，所以需要經歷很多的學習，並不停自我反省和作出調整。例如性格太過激進，支配慾強，缺乏自我了解和反省，即使遇到好的對象和機會，很大機會不能建立長久關係。簡單地說，建立婚姻家庭是需要學習的，現代社會家庭破裂的情況亦有惡化跡象，現代社會給

予年輕人很多知識和性教育，但於婚姻家庭教育方面卻並不足夠！其實，好的婚姻家庭關係不單對夫妻二人重要，對培養下一代、長遠社會穩定發展亦是非常重要。

參考書目

內政部戶政司，2018，「現住人口數按性別、年齡及婚姻狀況分」，
內政部戶政司全球資訊網，https://bit.ly/2IFGnKD。

孔璋，1988，「官民不婚與封建吏治」，《法學論壇》，03 期，頁 48–
49。

孔邁隆（Myron L. Cohen），1991，〈中國家庭與現代化：傳統與適
應的結合〉，《中國家庭及其變遷》，頁 15–22。

尹寶珊、羅榮健，2014，〈過去與現在的家庭形態走向〉，《家在香
港》，頁 11–32。

巴溥德（Burton Pasternak），1991，〈中國天津紅天里的婚姻與生
育〉，《中國家庭及其變遷》，頁 93–128。

王利華，2007，《中國家庭史・先秦至南北朝時期》，廣州：廣東人
民出版社。

王邦華，2017，〈從自由主義角度看，可以支持同性戀合法化
但反對亂倫嗎？〉，《立場新聞》，5 月 9 日，檢自 https://bit.
ly/2tnOBPK。

王筱辰洋，2017，〈性別平等全球排第五　台女遲婚、不生 B 比例
高〉，《蘋果日報》，3 月 17 日，https://bit.ly/2kFFzg7。

王躍生，2013，〈中國城鄉家庭結構變動分析——基於 2010 年人口
普查資料〉，《中國社會科學》，12 期，頁 60–77。

史文鴻，1993，〈大眾化的婦女雜誌及其意識形態〉，《媒介與文化》
（增訂版），香港：次文化堂，頁 76–87。

伊沛霞（Patricia Ebrey）著，胡志宏譯，2004，《內闈：宋代的婚姻
和婦女生活》(*The Inner Quarters: Marriage and the Lives of Chinese
Women in the Sung Period*)，南京：江蘇人民出版社。

向淑雲，1991，《唐代婚姻法與婚姻實態》，台北：台灣商務印書
館。

朱國宏，1992，〈傳統生育文化與中國人口控制〉，《人口研究》，01期，頁25–31。

行政院主計總處，出版年份不詳，「調查結果綜合分析」，中華民國統計資訊網，婦女婚育與就業調查，2010年，https://bit.ly/2OMbGau。

余錦波，2013，《孝經的道與理》，香港：匯智出版有限公司。

吳虞，1985，〈家族制度為專制主義之根據論〉、〈說孝〉，收錄《吳虞集》，成都：四川人民出版社。

吳鉤，2015，《宋：現代的拂曉時辰》，桂林：廣西師範大學出版社。

吳鉤，2015，〈宋朝女性的地位：不僅可以主動離婚，還能自由改嫁〉，澎湃新聞網，9月18日，（本文摘自：吳鉤，2015，《宋：現代的拂曉時辰》，桂林：廣西師範大學出版社。）檢自https://bit.ly/318iCSe。

呂妙芬，2017，《成聖與家庭人倫：宗教對話脈絡下的明清之際儒學》，台北：聯經出版社。

李山，2014，〈《詩經》中的不老愛情01 婚姻的祝福〉，《百家講壇》，央視科教頻道（CCTV-10），檢自https://bit.ly/2mEgByk。

李沛良，1991，〈香港家庭與親屬體系的變遷：回顧與展望〉，《中國家庭及其變遷》，頁129–144。

李宛諭，2019，〈台灣出生率 全球排名『倒數第一』〉，《台灣英文新聞：漢文版》，3月25日，檢自https://bit.ly/2LMNKSu。

李明堃，1991，〈香港家庭的組織和變遷〉，《中國家庭及其變遷》，頁161–170。

李桂梅，2002，《衝突與融合：中國傳統家庭倫理的現代轉向及現代價值》，長沙：中南大學出版社。

李銀河、陳俊傑，1993，〈個人本位、家本位與生育觀念〉，《社會學研究》，2期，頁87–96。

杜維明著，段德智譯，2008，《〈中庸〉洞見》（*An Insight of Chung*

Yung）（中英文對照），北京：人民出版社。

貝克 (U. Beck) 2018，《風險社會：新的現代性之路》，張文傑、何博聞譯，南京：譯林出版社。

貝克（U. Beck）、貝克-格恩斯海姆（E. Beck-Gernsheim）著，李榮山等譯，2011，《個體化》（*Individualization*），北京：北京大學出版社。

亞里士多德（Aristotle）著，廖申白譯註，2003，《尼各馬可倫理學》，北京：商務印書館。

明恩溥著，午晴、唐軍譯，1998，《中國鄉村生活》，北京：時事出版社。

明恩溥著，林欣譯，2002，《中國人的素質》，北京：京華出版社。

林正勝，2012，〈傳統的家族與家庭〉，收錄林正勝編：《中國式家庭與社會》，合肥：黃山書社，頁9–29。

金象逵，1974，〈講授孝道的一些困難〉，《神學論集》，21期，頁439–459，2018年11月10日，檢自 https://bit.ly/2stErzO。

金耀基，1983，《從傳統到現代》，台北：時報文化出版。

金耀基，2013，《中國社會與文化》（增訂版），香港：牛津大學出版社。

金觀濤、劉青峰，1992，《興盛與危機——論中國封建社會的超穩定結構》增訂本，香港：中文大學出版社。

侯建新，2005，〈「封建主義」概念辨析〉，《中國社會科學》，2005年第6期，頁173–88。

姚蘊慧，2005，〈「第二現代」社會觀點下的親密關係〉，《通識研究集刊》，8期，頁149–170。

政府統計處，2012，《2011年人口普查：主要報告——第一冊》，香港：政府統計處。

政府統計處，2013，《主題性住戶統計調查第52號報告書》，香港：政府統計處。

政府統計處，2018，《1991年至2016年香港的結婚及離婚趨勢》，香港：政府統計處。

政府統計處，2019，《香港的女性及男性主要統計數字》，香港：政府統計處。

洪子雲，2019，〈基督教、儒家、中國家庭與現代化：從韋伯宗教社會學說起〉，《山道期刊》，12月號，頁85–106。

美國之音，2016，〈美國政府：公立學校必須准許跨性別學生選擇廁所〉，《美國之音》，5月13日，https://bit.ly/2lf9fkq。

胡台麗，1991，〈合與分之間：台灣農村家庭與工業化〉，《中國家庭及其變遷》，頁213–222。

韋政通，1985，《董仲舒》，台北：東大圖書公司。

香港中文大學香港亞太研究所，2014，《家在香港》，香港特別行政區政府中央政策組，檢自 https://bit.ly/2lYQ2nD。

倪清江，2015，〈大學生女多男七千人〉《蘋果日報》，1月10日，https://bit.ly/2syCbr0。

唐君毅，2005，《文化意識與道德理性》，北京：中國社會科學出版社。

徐勝萍，2000，〈五四時期中國婦女地位的變遷〉，《東北師大學報》（哲學社會科學版），6期，頁27–30。

徐復觀，1976，《兩漢思想史》（卷二），台北：台灣學生書局。

徐復觀，2004，〈中國孝道思想的形成、演變及其在歷史中的諸問題〉，《中國思想史論集》，台北：台灣學生書局，頁131–173。

恩格斯，1954，《家庭、私有制和國家的起源》，中國：人民出版社。

馬麗莊、尹寶珊，2014，〈成年子女與父母的關顧和互動〉，《家在香港》，頁64–88。

高彥頤（Dorothy Ko）著，李志生譯，2005，《閨塾師：明末清初江南的才女文化》，南京：江蘇人民出版社。

高彥頤（Dorothy Ko）著，苗延威譯，2009，《纏足：「金蓮崇拜」盛極而衰的演變》，南京：江蘇人民出版社。

張妙清、鄒羅端華、林孟秋，1991，〈香港不同社經階層教養兒童的形式〉，《中國家庭及其變遷》，頁287–296。

張星久，1998，〈中國君主專制政體下的皇位嫡長子繼承制新論〉，《武漢大學學報》，5期，頁22–8。

張國剛，2012，《家庭史話》，北京：社會科學文獻出版社。

張濤、項永琴，2012，《婚姻史話》，北京：社會科學文獻出版社。

張懷承，1988，《中國的家庭與倫理》，北京：中國人民大學出版社。

梁漱溟，2005，《中國文化要義》，上海：上海世紀出版。

許志偉，2006，《生命倫理：對當代生命科技的道德評估》，北京：中國社會科學出版社。

許烺光著，薛剛譯，1990，《宗族·種姓·俱樂部》，北京：華夏出版社。

許烺光，2001，《祖蔭下：中國鄉村的親屬、人格與社會流動》，台北：南天書局。

許烺光著，徐隆德譯，2002，《中國人與美國人》，台北：南天書局有限公司。

許琪、於健寧、邱澤奇，2013，〈子女因素對離婚風險的影響〉，《社會學研究》，04期，頁26–48。

郭沫若，1954，《中國古代社會研究》，北京：人民出版社。

陳中民，1991，〈冥婚、嫁奩及女兒在家庭中的地位〉，《中國家庭及其變遷》，頁269–273。

陳效能，2014，〈傳統價值取向與家庭變遷〉，《家在香港》，頁114–133。

陳嘉凌，2017，《超譯漢字——珍藏在時光寶盒的文字》，台北：五南圖書出版股份有限公司。

陳璇，2008，〈走向後現代的美國家庭：理論分歧與經驗研究〉，《社會》，28卷4號，頁173–186。

陳曉華，2016，〈推薦序〉，於劉佳、周晶晶：《貞節只是個傳說：你不知道的明清寡婦故事》，台北：獨立作家，頁5–9。

陳獨秀，1916，〈一九一六年〉，《青年雜誌》，1卷5號，1月15日。

傅佩榮，2008，《人能弘道：傅佩榮談論語》，台北：遠見天下文化出版股份有限公司。

喬健（主編），1991，《中國家庭及其變遷》，香港：香港中文大學社會科學院暨香港亞太研究所。

彭捷，2017，〈挑戰亂倫禁忌？近親性交的道德哲學思辨〉，《立場新聞》，5月9日，檢自 https://bit.ly/2Wa1IAL。

曾令愉，2013，〈「女子無才便是德」之原初語境、後代詮釋及其歷史意義試探〉，《中國文學研究》，35期，頁97–135。

曾錦強，2016，〈家庭第一〉，《AM730》，8月30日。

費孝通，1998，《鄉土中國生育制度》，北京：北京大學出版社。

費孝通，2006，《江村經濟》，上海：上海人民出版社。

辜勝阻，1986，〈農村生育觀的探索〉，《社會學研究》，05期，頁66–71。

黃光國，1988，《中國人的權力遊戲》，台北：巨流圖書。

黃國彥，1991，〈父母婚姻狀況和溝通程度與子女生活滿意之關係〉，《中國家庭及其變遷》，頁327–344。

黃景春，2005，〈論我國冥婚的歷史、現狀及根源——兼與姚平教授商榷唐代冥婚問題〉，《民間文化論壇》，5期，頁97–103。

黃暉明，1992，〈家庭〉，李明堃、黃紹倫編：《社會學新論》，香港：商務印書館，頁125–63。

意外藝術，2017，〈藝術很難嗎 第四季 02 悼亡詩：這就是你不敢說「我愛你」的原因〉，《意外藝術》，4月11日，https://bit.ly/31SWQ5Y。

楊文山，2009，〈台灣地區家戶組成變遷與家人關係〉，《人文與社會科學簡訊》，10卷2號，頁20–27。

楊國樞，1991，〈家庭因素與子女行為：台灣研究的評析〉，《中國家庭及其變遷》，頁297–326。

楊靜利、陳寬政、李大正，2012，〈近二十年來的家庭結構變遷〉，伊慶春、章英華主編：《台灣的社會變遷1985–2005：家庭與婚姻，台灣社會變遷基本調查系列三之1》，台北：中央研究院，頁1–28。

葉一知，2013，〈香港女性能頂半邊天〉，《蘋果日報》，7月4日 https://bit.ly/38LL8hn。

雷潔瓊，1991，〈新中國建立後婚姻與家庭制度的變革〉，《中國家庭及其變遷》，頁23–32。

趙文琛，2001，〈論生育文化〉，《人口研究》，25卷6號，頁70–74。

趙永佳、丁國輝，2014，〈導言：蛻變中的香港家庭〉，《家在香港》，頁1–10。

趙永佳、丁國輝，2014，〈總結：從傳統到現代的家庭變遷〉，《家在香港》，頁192–201。

趙喜順，1991，〈論我國農村家庭結構及其變遷〉，《中國家庭及其變遷》，頁203–212。

劉亞蘭，2008，《平等與差異：漫遊女性主義》，台北：三民書局股份有限公司。

劉寶駒，2006，《社會變遷中的家庭：當代中國城市家庭研究》，成都：四川出版集團巴蜀書社。

德里克（Dirlik, Arif）著，翁賀凱譯，2005，《革命與歷史：中國馬克思主義歷史學的起源，1919-1937》(*Revolution and History: Origins of Marxist Historiography in China, 1919-1937*)，南京：江蘇人民出版社。

潘毅，2002，〈女性研究的歷程和展望〉，謝均才編：《我們的地方，我們的時間：香港社會新編》，香港：牛津大學出版社，頁105–124。

蔡曉穎，2016，〈特寫：盤點華人圈冥婚文化——冥婚習俗仍流傳〉，《BBC中文網》，8月17日，檢自 https://bbc.in/2YxjwKI。

鄭宏泰，2014，〈無手足一代的成長問題〉，《家在香港》，頁89-113。

蕭新煌，1991，〈台灣的老人福利與家庭福利功能之再探討〉，《中國家庭及其變遷》，頁347-356。

賴怡君，2018，〈台灣未婚男女比例快接近五成 政府主動當紅娘有用嗎？〉，《信傳媒》，2月22日，檢自 https://bit.ly/359nrO7。

閻雲翔（Yunxiang Yan）著，龔小夏譯，2006，《私人生活的變革：一個中國村莊裏的愛情、家庭與親密關係：1949-1999》，上海：上海書店出版社。

駱芬美，2010，〈「女子無才便是德」！？——華人歷史與文化課程單元設計〉，《銘傳大學通識學報第一期》，2019年1月19日，檢自 https://bit.ly/2kEh7vC。

戴可景，1990，〈傳統文化與社會政策對婦女初婚年齡及生育率的影響〉，《社會學研究》，4期，頁41-42。

聯合報,2019，〈大陸結婚率7%近年最低 女性不婚增多〉，《聯合報》，3月20日，https://udn.com/news/story/7332/3707195。

薄潔萍，2005，《上帝作證——中世紀基督教文化中的婚姻》，上海：學林出版社。

薛承泰，2008，〈台灣家庭變遷與老人居住型態：現況與未來〉，《社區發展季刊》，121期，頁47-56。

薛素珍，1991，〈婦女就業與我國城市家庭的變化〉，《中國家庭及其變遷》，頁261-268。

韓佳、 嚴藝，2016，《〈外國人在中國〉20161001 我的中國婚禮（上）》， 中央電視台中文國際頻道（CCTV-4），https://bit.ly/2mHLsu2。

顏汝庭，2005，〈近二十年來兩岸宋代婦女史研究概況（1985-2004）〉，《史耘》，11期，頁97-115。

羅慧蘭、王向梅，2016，《中國婦女史》，北京：當代中國出版社。

藤田孝典，2016，《下流老人：即使月薪五萬，我們仍將又老又窮又孤獨》，台北：如果出版。

關銳煊，1991，〈家庭的變遷與香港老人福利的衍生〉，《中國家庭及其變遷》，頁 357–370。

顧燕翎，2019，〈追求自由、平等與獨立──自由主義女性主義〉，顧燕翎主編：《女性主義理論與流變》，台北：貓頭鷹，頁 33–85。

顧鑒塘、顧鳴塘，1996，《中國歷代婚姻與家庭》（增訂版），北京：商務印書館。

Ingram Tam，2017，〈甚麼才是「好」的？兼論亂論兩文〉，《哲學01》，5 月 18 日，檢自 https://bit.ly/2laREu3。

MK Kong，2017，〈亂倫罪不應廢除，更要擴充適用範圍〉，《好青年荼毒室（哲學部）》，5 月 9 日，檢自 https://bit.ly/2YD5uHc。

Almond, Brenda. 2006, *The Fragmenting Family.* Oxford: Oxford University Press.

Allen, Jeffner. 1984, "Motherhood: The Annihilation of Women", in *Mothering: Essays in Feminist Theory*, Joyce Trebilcot, ed., NJ: Littlefield, Adams and Co., pp. 315–330.

Austin, Michael W. (n.d.), "Rights and Obligations of Parents", *The Internet Encyclopedia of Philosophy*, assessed on 18 Sept 2019. Retrieved from https://www.iep.utm.edu/parentri/.

Beauvoir, Simone de. 1989, c1952, *The Second Sex.* New York: Vintage Books.

Bennett, William J. 1999, *The Index of Leading Cultural Indicators.* New York: Broadway Books.

Becker, Gary S. 1960, "An Economic Analysis of Fertility", in *Demographic and Economic Change in Developed Countries,* edited by George B. Roberts, Chairman, Universities-National Bureau Committee for

Economic Research, Princeton : Princeton University Press, pp.209–240.

Burgess, Ernest W. 1926, "The Family as a Unity of Interacting Personalities", *The Family*, 7(1): .pp. 3–9.

Butler, Judith. 1990, *Gender Trouble: Feminism and the Subversion of Identity*. New York: Routledge.

Chen, Chuan Sheng and Uttal, David H. 1988, "Cultural Values, Parents' Beliefs, and Children's Achievement in the United States and China", *Human Development*, 31: pp. 351–358.

Chu, C. Y. Cyrus and Yu, Ruoh-Rong. 2010, *Understanding Chinese families: a Comparative Study of Taiwan and Southeast China*. Oxford; New York: Oxford University Press.

Coontz, Stephanie. 2006, *Marriage, a History: How Love Conquered Marriage*. New York: Penguin Books.

DeVos, George A. 1998, "Confucian Family Socialization: The Religion, Morality, and Aesthetics of Propriety", in *Confucianism and the Family*, edited by Walter H Slote and George A De Vos, Albany, N.Y.: State University of New York Press, pp. 329–380.

DW Documentary, 2018, "Brides for sale- Bulgaria's Roma marriage market", DW Documentary, 11 March. Retrieved from https://bit.ly/2B60XQ1.

Erickson, Rebecca J. 2003, "The Familial Institution", in *Handbook of Symbolic Interactionism*. Larry T. Reynolds and Nancy J. Herman-Kinney, ed., Walnut Creek, CA: AltaMira Press, pp. 511–538.

Fan, Ruiping. 2010, *Reconstructionist Confucianism: Rethinking Morality after the West*. New York: Springer.

Goode, William J. 1963, *World Revolution and Family Patterns*. New York: Free Press.

Gross, R. 2009, *Themes, Issues and Debates in Psychology* (3rd ed.). London: Hodder & Stoughton.

Hempel, Jessi. 2016, "My Brother's Pregnancy and the Making of a New American Family", *Time Magazine*, 12 September, https://bit.ly/2ktgO6W.

Hsu, Francis L. K. 1998, "Confucianism in Comparative Context", in *Confucianism and the Family,* edited by Walter H. Slote and George A. De Vos. Albany, N.Y.: State University of New York Press, pp. 53–71.

Ivanhoe, Philip J. 2000, *Confucian Moral Self Cultivation*, 2nd ed., Indianapolis, IN: Hackett Publishing.

Kim, Sungmon. 2014, *Confucian Democracy in East Asia: Theory and Practice*. Cambridge: Cambridge University Press.

Knapp, Keith Nathaniel. 2005, *Selfless Offspring: Filial Children and Social Order in Medieval China*. Honolulu: University of Hawai'i Press.

Liu, Qingping. 2007, "Confucianism and Corruption: An Analysis of Shun's Two Actions Described by Mencius", *Dao* 6(1), pp. 1–19.

Macunovich, Diane. 2003, "Economic Theories of Fertility", in *Women, Family, and Work: Writings on the Economics of Gender*. Karine S. Moe ed., Malden, Mass.: Blackwell Publishing, pp. 105–124.

Maslow, Abraham. 1943, "A Theory of Human Motivation", *Psychological Review*, 50(4), pp. 370–96.

Maynes, Mary Jo. & Waltner, A. 2012, *The Family: A World History*. New York: Oxford University Press, Kindle eBook.

McCullough, M.E., Emmons, R.A., Tsang, J.A. 2002, "The Grateful Disposition: A Conceptual and Empirical Topography", *Journal of Personality and Social Psychology*, 82(1), pp. 112–127.

Ng, C. H. 1995, "Bringing Women Back in: Family Change in Hong Kong", in *Women in Hong Kong*, edited by Veronica Pearson and Benjamin K. P. Leung, Hong Kong: Oxford University Press, pp. 74–100.

O'Brien, Mary. 1981, *The Politics of Reproduction*. Boston, Mass.: Routledge and Kegan Paul.

Oakley, Ann. 1974, *Housewife*. London: Allen Lane.

Parsons, Talcott. 1955, "The American Family: Its Relations to Personality and to the Social Structure", in *Family, Socialization and Interaction Process*. Parsons, Talcott and Robert F. Bales, ed., Glencoe, Illinois: Free Press, pp. 3–33.

Parsons, Talcott. 1959, "The Social Structure of the Family", in *The Family its Function and Destiny*. R. N. Anshen ed., New York: Harper & Row, pp. 241–274.

Poston, Dudley L. 2017, "The Effects of Demographic Change on Marriage and the Family in China", in *Handbook on the Family and Marriage in China*, X. Zang and L. X. Zha ed., Cheltenham: Edward Elgar Pub.

Poškaitė, Loreta. 2014, "Filial Piety (*xiao* 孝) in the Contemporary and Global World: A View from the Western and Chinese Perspectives", *Asian Studies* (Slovenia) II (XVIII), 1: pp. 99–114.

Raymo, J.M., Park, H., Xie, Y., and Yeung, W. J. 2015, "Marriage and Family in East Asia: Continuity and Change", *Annual Review of Sociology*, 41:8.1–8.22.

Rich, Adrienne. 1976, *Of Woman Born: Motherhood as Experience and Institution*. New York: W. W. Norton & Company.

Rosemont, Jr., Henry and Ames, R. T. 2009, *The Chinese Classic of Family Reverence: A Philosophical Translation of the Xiaojing*. Honolulu: University of Hawai'i Press.

Sandel, Michael J. 1984, "The Procedural Republic and the Unencumbered Self", *Political Theory*, 12.1: pp. 81–96.

Scanzoni, John. 2016, "Modernization and Families", in *The Wiley Blackwell Encyclopedia of Family Studies*, Constance L. Shehan ed., Chichester: John Wiley & Sons, pp. 1466–1472.

Slote, Walter H. 1998, "Psychocultural Dynamics within the Confucian Family", in *Confucianism and the Family*, edited by Walter H. Slote and George A. De Vos. Albany, N.Y.: State University of New York Press, pp. 37–51

Sternberg, Robert J. 1986, "A Triangular Theory of Love", *Psychological Review,* 93 (2): pp. 119–135.

Taylor, Charles. 2007, *A Secular Age.* Cambridge, Mass.: Belknap Press of Harvard University Press.

Taylor, Charles. 2016, *The Language Animal: The Full Shape of the Human Linguistic Capacity.* Cambridge, Massachusetts: The Belknap Press of Harvard University Press.

Tu, Wei-Ming. 1968, "The Creative Tension between *Jên* and *Li*", *Philosophy East and West,* 18(1/2): pp. 29–39.

Tu, Wei-Ming 1972, "Li as Process of Humanization", *Philosophy East and West,* 22 (2): pp. 187–201.

Tu, Wei-Ming. 1991, "Chinese Philosophy: a Synoptic View", in *A Companion to World Philosophies.* Deutsch, Eilot and Ron Bontekoe (eds). Cambridge, Mass.: Blackwell Publishing, pp. 3–23.

Tu, Wei-Ming. 1998, "Probing the 'Three Bonds' and 'Five Relationships' in Confucian Humanism", in *Confucianism and the Family,* edited by Walter H. Slote and George A. De Vos. Albany, N.Y.: State University of New York Press, pp. 122–36.

Waite, Linda J. 2000, "Cohabitation: A Communitarian Perspective", in *Marriage: A Communitarian Perspective*, Martin King Whyte ed., Lanham, MD: Rowman & Littlefield Publisher.

Wang, Robin R. (王蓉蓉) (n.d.), "Yinyang (Yin-yang)", *The Internet Encyclopaedia of Philosophy,* assessed on 8 Aug. 2019, Retrieved from https://www.iep.utm.edu/yinyang/.

World Population Review. 2019, Total Fertility Rate 2019, assessed on 5 Oct. 2019, Retrieved from https://bit.ly/2IiuCsh.

Weber, Max 2001, *The Protestant Ethic and the Spirit of Capitalism*, translated by Talcott Parsons, with an introduction by Anthony Giddens, London/New York: Routledge.

Young M. & Wilmott P. 1973, *The Symmetrical Family.* New York: Pantheon Books.